与信仰 同行

吕红波　著

人民日报出版社

图书在版编目（CIP）数据

与信仰同行 / 吕红波著 . — 北京：人民日报出版社，
2024.9. — ISBN 978-7-5115-8393-2

Ⅰ.D647-49

中国国家版本馆 CIP 数据核字第 202407700G 号

书　　　名：与信仰同行
　　　　　　YU XINYANG TONGXING
作　　　者：吕红波

出 版 人：刘华新
责任编辑：谢广灼
装帧设计：沈家盟

出版发行：人民日报出版社
社　　　址：北京金台西路 2 号
邮政编码：100733
发行热线：（010）65369509　65369527　65369846　65363528
邮购热线：（010）65369530　65363527
编辑热线：（010）65369521
网　　　址：www.peopledailypress.com
经　　　销：新华书店
印　　　刷：大厂回族自治县彩虹印刷有限公司
法律顾问：北京科宇律师事务所　010-83622312

开　　　本：880 毫米 ×1230 毫米　　　1/32
字　　　数：196 千字
印　　　张：8.5
版次印次：2024 年 12 月第 1 版　　2024 年 12 月第 1 次印刷

书　　　号：ISBN 978-7-5115-8393-2
定　　　价：45.00 元

如有印装质量问题，请与本社调换，电话（010）65369463

前　言

习近平总书记指出："中国共产党成立一百年来，始终是有崇高理想和坚定信念的党。这个理想信念，就是马克思主义信仰、共产主义远大理想、中国特色社会主义共同理想。"回望波澜壮阔的历史征程，无论是在极其残酷的环境下干革命，还是在一穷二白的基础上搞建设，无论是在历史关键处开启改革开放，还是在新时代勇毅前行，信仰信念始终是支撑中国共产党人的强大精神力量。

新时代新征程上，世情国情党情发生深刻变化，我们面临着艰巨繁重的国内改革发展稳定任务，也面临着错综复杂的国际环境带来的新矛盾新挑战。应对新的历史条件下的风险挑战，我们必须继续筑牢信仰之基、挺立信念脊梁。

坚定的信仰信念不会从天而降，只能是建立在对马克思主义的深刻理解之上，建立在对历史规律的深刻把握之上。习近平新时代中国特色社会主义思想是当代中国马克思主义、21 世纪马克思主义，是全党全国人民为实现中华民族伟大复兴而奋斗的行动指南。不断提高马克思主义思想觉悟和理论水平，保持对远大理想和奋斗目标的清醒认知和执着追求，就要坚持不懈用习近平新时代中国特色社会主义思想凝心铸魂，真正做到学深悟透、融会贯通、真信笃行，从而在纷繁复杂的形势下坚持科学指导思想和正确前进方向。

习近平总书记强调，党员干部要在常学常新中加强理论修养，在真学真信中坚定理想信念，在学思践悟中牢记初心使命，在细照笃行中不断修炼自我，在知行合一中主动担当作为。为帮助党员干部和广大青年筑牢信仰之基、培植精神家园，《与信仰同行》一书从《中国共产党章程》、党的二十大报告、党的二十届三中全会《中共中央关于进一步全面深化改革、推进中国式现代化的决定》，以及《中国共产党纪律处分条例》《中国共产党巡视工作条例》中选取有关重要内容进行阐述，这有助于党员干部和广大青年更好地坚定信仰、践行信仰，勇立时代潮头、争做时代先锋，为强国建设、民族复兴作出应有的贡献。

限于作者、编者水平，本书疏漏之处在所难免，望读者予以指正。

目 录

001 党的性质

　　党的性质就是一个政党本身所应有的质的规定性，以及与其他政党、社会组织、群众团体质的区别性。这种质的规定性和区别性，从根本上讲，来源于这个政党的阶级属性。对于无产阶级政党而言，党的性质就是无产阶级阶级性最高最集中的体现。

　　在无产阶级政党的第一份纲领性文件《共产党宣言》中，马克思、恩格斯认为："共产党人同其他无产阶级政党不同的地方只是：一方面，在无产者不同的民族的斗争中，共产党人强调和坚持整个无产阶级共同的不分民族的利益；另一方面，在无产阶级和资产阶级的斗争所经历的各个发展阶段上，共产党人始终代表整个运动的利益。因此，在实践方面，共产党人是各国工人政党中最坚决的、始终起推动作用的部分；在理论方面，他们胜过其余无产阶级群众的地方在于他们了解无产阶级运动的条件、进程和一般结果。"[①]在这里，马克思、恩格斯指出了共产党彻底革命的先进性，揭示了无产阶级政党的本质内涵。

　　中国共产党第一次全国代表大会没有制定党的章程，在大会通过的《中国共产党第一个纲领》中也没有直接规定党的性质，但党的名称"中国共产党"却明确科学地表达了党的性质——无产阶级的先锋

---

① 《马克思恩格斯选集》第一卷，人民出版社 2012 年版，第 413 页。

队。从党的二大开始，中国共产党有了正式的党章。此后，修改、完善党章成为历届党的代表大会不可或缺的重要内容，因为它关系到对党的性质的认识，关系到党的自身建设的发展。然而，由于历史的局限和党的实践经验的缺乏，从党的二大到党的六大，始终没有把党的性质写入党章。

党的七大在党章中第一次增写了总纲，而总纲的第一句就旗帜鲜明地指出党的性质："中国共产党，是中国工人阶级的先进的有组织的部队，是它的阶级组织的最高形式"[1]。这是中国共产党首次在党章中对党的性质作出科学总结和明确表述。此后，在历次党的全国代表大会修改、完善党章时，都会在总纲部分对党的性质进行界定和说明。比如，八大党章将党的性质表述为"中国共产党是中国工人阶级的先进部队，是中国工人阶级的阶级组织的最高形式。它的目的是在中国实现社会主义和共产主义"[2]。十二大党章将党的性质表述为"中国共产党是中国工人阶级的先锋队，是中国各族人民利益的忠实代表，是中国社会主义事业的领导核心。党的最终目标，是实现共产主义的社会制度"[3]。

对于党的性质的认识，是与党的成熟程度、党的建设水平、社会和时代环境联系在一起的。2002 年，十六大党章以"三个代表"重要思想为指引，更为生动、准确地概括了党的性质："中国共产党是中国工

---

[1] 本书编委会：《中国共产党历次党章汇编（1921—2022）》，中国方正出版社 2023 年版，第 110 页。

[2] 本书编委会：《中国共产党历次党章汇编（1921—2022）》，中国方正出版社 2023 年版，第 228 页。

[3] 本书编委会：《中国共产党历次党章汇编（1921—2022）》，中国方正出版社 2023 年版，第 325 页。

人阶级的先锋队，同时是中国人民和中华民族的先锋队，是中国特色社会主义事业的领导核心，代表中国先进生产力的发展要求，代表中国先进文化的前进方向，代表中国最广大人民的根本利益。"[①] 这一表述，体现了党对自身的新认识和新要求，在其后各部党章中都得以延续。

[①] 本书编委会：《中国共产党历次党章汇编（1921—2022）》，中国方正出版社 2023 年版，第 440 页。

002　党的宗旨

　　为什么人的问题，是检验一个政党、一个政权性质的试金石。中国共产党是中国工人阶级的先锋队，同时是中国人民和中华民族的先锋队，其根本宗旨就是一切从人民群众的利益出发，全心全意地为最广大的人民群众服务，简而言之，就是全心全意为人民服务。除了工人阶级和最广大人民群众的根本利益，中国共产党没有自己的特殊利益和权利。

　　建党初期，中国共产党除了发展党员之外，另外一项十分重要的工作就是发动群众。到了土地革命战争时期，中国共产党人更加清醒地认识到，党与人民群众的关系至关重要。正像鱼儿离不开水一样，党也离不开人民群众。没有了广大人民群众的拥护和支持，党的事业就无法前进和发展。1943 年，毛泽东在《关于领导方法的若干问题》一文中，明确提出"从群众中来，到群众中去"的领导方法，强调在我们党的一切实际工作中，凡属正确的领导，必须是从群众中来，到群众中去。

　　1944 年 9 月 5 日，中央警备团战士张思德在安塞县执行烧炭任务时不幸牺牲。毛泽东闻讯后非常难过，指示把张思德的遗体从安塞县运回延安安葬，对他的后事安排多次作出指示。9 月 8 日，毛泽东亲临为张思德举行的追悼会，作了《为人民服务》的著名讲演，指出："我们的共产党和共产党所领导的八路军、新四军，是革命的队伍。我们这个队伍完全是为着解放人民的，是彻底地为人民的利益工作的。"①

1945 年 4 月，毛泽东在党的七大上作《论联合政府》的政治报告，在讲到党领导的人民军队时，他指出："紧紧地和中国人民站在一起，全心全意地为中国人民服务，就是这个军队的唯一的宗旨。"②在讲到共产党人的工作作风时，他又指出："我们共产党人区别于其他任何政党的又一个显著的标志，就是和最广大的人民群众取得最密切的联系。全心全意地为人民服务，一刻也不脱离群众；一切从人民的利益出发，而不是从个人或小集团的利益出发；向人民负责和向党的领导机关负责的一致性；这些就是我们的出发点。"③从此，为人民服务不再仅仅是一个政治口号，而是作为党的宗旨被写入了党章。此后，党的历代领导人在不同的历史时期，对党的宗旨都有重要的论述和阐发。

党的十八大以来，习近平总书记对党的宗旨多次作出强调。2012 年 11 月 15 日，在十八届中共中央政治局常委同中外记者见面时，他说："人民对美好生活的向往，就是我们的奋斗目标。"④在党的十九大报告中，他要求："全党同志一定要永远与人民同呼吸、共命运、心连心，永远把人民对美好生活的向往作为奋斗目标，以永不懈怠的精神状态和一往无前的奋斗姿态，继续朝着实现中华民族伟大复兴的宏伟目标奋勇前进。"⑤在党史学习教育动员大会上，他指出："历史充分证明，江山

① 《毛泽东选集》第三卷，人民出版社 1991 年版，第 1004 页。

② 《毛泽东选集》第三卷，人民出版社 1991 年版，第 1039 页。

③ 《毛泽东选集》第三卷，人民出版社 1991 年版，第 1094—1095 页。

④ 《习近平谈治国理政》第一卷，外文出版社 2018 年版，第 4 页。

⑤ 《习近平谈治国理政》第三卷，外文出版社 2020 年版，第 1—2 页。

就是人民，人民就是江山，人心向背关系党的生死存亡。"①在党的二十大报告中，他强调："全党要坚持全心全意为人民服务的根本宗旨，树牢群众观点，贯彻群众路线，尊重人民首创精神，坚持一切为了人民、一切依靠人民，从群众中来、到群众中去，始终保持同人民群众的血肉联系，始终接受人民批评和监督，始终同人民同呼吸、共命运、心连心，不断巩固全国各族人民大团结，加强海内外中华儿女大团结，形成同心共圆中国梦的强大合力。"②

① 《习近平谈治国理政》第四卷，外文出版社 2022 年版，第 512 页。
② 《习近平著作选读》第一卷，人民出版社 2023 年版，第 57—58 页。

003 党的先进性和纯洁性建设

中国共产党是长期执政的马克思主义政党，要巩固执政地位，履行执政使命，就必须以勇于自我革命的精神全面加强自身建设，始终保持党的先进性和纯洁性，使党在世界形势迅速发展变化的历史进程中始终走在时代前列，在应对国内外各种风险考验中始终成为全国人民的主心骨，在建设中国特色社会主义事业中始终成为坚强的领导核心。

为坚持、加强和改善党的领导，推进党的建设新的伟大工程，1997 年 9 月，党的十五大报告指出："从严治党，是保持党的先进性和纯洁性，增强党的凝聚力和战斗力的保证。"[①] 2002 年 11 月，党的十六大确立"三个代表"重要思想为党的指导思想，并强调："党的先进性是具体的、历史的，必须放到推动当代中国先进生产力和先进文化的发展中去考察，放到维护和实现最广大人民根本利益的奋斗中去考察，归根到底要看党在推动历史前进中的作用。"[②]

党的十六大以后，以胡锦涛同志为主要代表的中国共产党人继续推

---

① 中共中央文献研究室：《十五大以来重要文献选编》（上），中央文献出版社 2011 年版，第 42 页。

② 中共中央文献研究室：《十六大以来重要文献选编》（上），中央文献出版社 2011 年版，第 10 页。

进党的建设新的伟大工程，对加强党的执政能力建设和先进性建设作出全面部署。从 2005 年 1 月开始，全党开展了以实践"三个代表"重要思想为主要内容的保持共产党员先进性教育活动，前后历时一年半，到 2006 年 6 月基本结束。保持共产党员先进性教育活动是中国共产党加强党的执政能力建设和先进性建设的一次成功实践，共有 7000 多万党员、350 多万个基层组织参加。

着眼更好、更全面、更有效地推进党的建设新的伟大工程，2007 年 10 月，党的十七大报告指出："必须把党的执政能力建设和先进性建设作为主线，坚持党要管党、从严治党，贯彻为民、务实、清廉的要求，以坚定理想信念为重点加强思想建设，以造就高素质党员、干部队伍为重点加强组织建设，以保持党同人民群众的血肉联系为重点加强作风建设，以健全民主集中制为重点加强制度建设，以完善惩治和预防腐败体系为重点加强反腐倡廉建设，使党始终成为立党为公、执政为民，求真务实、改革创新、艰苦奋斗、清正廉洁，富有活力、团结和谐的马克思主义执政党。"[1] 大会修改的党章也强调："加强党的执政能力建设和先进性建设，以改革创新精神全面推进党的建设新的伟大工程"[2]。

依据党的十七大对加强党的建设提出的主要任务，2009 年 9 月，党的十七届四中全会审议通过了《中共中央关于加强和改进新形势下党的建设若干重大问题的决定》，对加强党的执政能力建设和先进性建

---

[1] 中共中央文献研究室：《十七大以来重要文献选编》（上），中央文献出版社 2009 年版，第 38 页。

[2] 本书编委会：《中国共产党历次党章汇编（1921—2022）》，中国方正出版社 2023 年版，第 492 页。

设作出了部署，提出了一系列新要求。2012 年 1 月，胡锦涛在十七届中央纪委七次全会上进一步强调："全党都要从党和人民事业发展的高度，从应对新形势下党面临的风险和挑战出发，充分认识保持党的纯洁性的极端重要性和紧迫性，不断增强党的意识、政治意识、危机意识、责任意识，切实做好保持党的纯洁性各项工作。"[1] 2012 年 11 月，十八大党章将十七大党章中"加强党的执政能力建设和先进性建设"的提法充实为"加强党的执政能力建设、先进性和纯洁性建设"[2]。2017 年 10 月，十九大党章又将其修改为"加强党的长期执政能力建设、先进性和纯洁性建设"[3]。2022 年 10 月，二十大党章重申了这一要求，强调："加强党的长期执政能力建设、先进性和纯洁性建设，以改革创新精神全面推进党的建设新的伟大工程，以党的政治建设为统领，全面推进党的政治建设、思想建设、组织建设、作风建设、纪律建设，把制度建设贯穿其中，深入推进反腐败斗争，全面提高党的建设科学化水平，以伟大自我革命引领伟大社会革命"[4]。

---

[1] 《胡锦涛文选》第三卷，人民出版社 2016 年版，第 578—579 页。

[2] 本书编委会：《中国共产党历次党章汇编（1921—2022）》，中国方正出版社 2023 年版，第 545 页。

[3] 本书编委会：《中国共产党历次党章汇编（1921—2022）》，中国方正出版社 2023 年版，第 599 页。

[4] 《中国共产党章程》，人民出版社 2022 年版，第 10 页。

004 党的建设总体布局

　　中国共产党自建党以来，就一直高度重视党的自身建设，不断探索和回答"建设什么样的党、怎样建设党"的历史性课题。1927 年 6 月，党的五大通过的《中国共产党第三次修正章程决案》中，专设了"党的建设"作为第二章。1939 年 10 月，毛泽东在《〈共产党人〉发刊词》一文中指出："十八年的经验，已使我们懂得：统一战线，武装斗争，党的建设，是中国共产党在中国革命中战胜敌人的三个法宝，三个主要的法宝。"① 在新民主主义革命时期，我们党确立了从思想上、组织上和作风上加强党的建设的要求，并坚持把思想建设放在党的建设的首位。

　　新中国成立以后，中国共产党作为执政党，更为注重加强党的建设，强调改善党的组织状况、领导工作状况和领导制度等。1982 年 9 月，十二大党章指出"中国共产党要领导全国各族人民实现社会主义现代化的宏伟目标，必须加强党的建设，发扬党的优良传统，提高党的战斗力"②，并提出实现思想上政治上的高度一致、全心全意为人民服务、坚持民主集中制等三项基本要求。这就在党的历史上首次将

---

① 《毛泽东选集》第二卷，人民出版社 1991 年版，第 606 页。

② 本书编委会：《中国共产党历次党章汇编（1921—2022）》，中国方正出版社 2023 年版，第 329 页。

"加强党的建设"明确写进党章。此后修改的历次党章中，也都在总纲部分明确提出要加强和改进党的建设。

改革开放后，我们党在总结党的建设历史经验的基础上，高度重视党的制度，强调制度问题更带有根本性、全局性、稳定性和长期性，开始把制度建设作为党的建设的重要方面。20世纪80年代末90年代初，在世界社会主义出现严重曲折、我国社会主义事业面临空前巨大困难和压力的情况下，党的十三届四中全会提出"大力加强党的建设，坚决惩治腐败"的要求。2007年10月，党的十七大创造性地提出"反腐倡廉建设"这一概念，并将其与党的思想建设、组织建设、作风建设、制度建设一起确定为党的建设的基本任务，明确反腐倡廉建设在党的建设总体部署中的战略定位。2012年11月，党的十八大报告对党的建设的总体布局作出新概括，将党的建设总体布局表述为思想建设、组织建设、作风建设、反腐倡廉建设和制度建设。

党的十八大以来，以习近平同志为核心的党中央提出全面从严治党，强调"勇于自我革命，从严管党治党，是我们党最鲜明的品格"①，坚持以党章为根本遵循，把党的政治建设摆在首位，思想建党和制度建党同向发力，统筹推进党的各项建设，抓住"关键少数"，强化党内监督，发展积极健康的党内政治文化，全面净化党内政治生态，以零容忍态度惩治腐败，不断强化党自我净化、自我完善、自我革新、自我提高的能力，始终保持党同人民群众的血肉联系。

2017年10月，党的十九大报告根据新时代新要求，深化对党的建设的规律性认识，提出新时代党的建设的"5+2"总体布局，即："全

面推进党的政治建设、思想建设、组织建设、作风建设、纪律建设，把制度建设贯穿其中，深入推进反腐败斗争"①。这一党的建设总体布局突出政治建设的统领地位和纪律建设这个管党治党的治本之策，抓住新时代推进党的建设新的伟大工程的关键，实现了党的建设总体布局的重大发展。

在新时代党的建设总体布局中，各项建设都有各自的地位和作用，同时，各项建设又相互支撑、相互贯通，从而成为一个有机统一的整体。全面推进新时代党的建设新的伟大工程，必须按照新时代党的建设总体布局，将党的建设作为一个有机整体来推进，任何一个方面都不能偏废。

---

① 《习近平谈治国理政》第三卷，外文出版社 2020 年版，第 48 页。

005　党内政治生活

　　开展严肃认真的党内政治生活，是我们党的优良传统和政治优势。中国共产党一经创立，就规定了严密的组织和纪律，注重通过党内政治生活锻炼党员党性、提高党员思想觉悟。1922 年召开的党的二大，制定了第一个正式的党章，其中详细规定了党员条件、入党手续、党的组织系统，以及党的组织原则、纪律和其他制度等，要求无论何时何地，每个党员都要注重自己的言论，每个党员的行动"应以共产革命在事实上所需要的观念施行之"①。在后来的革命斗争中，特别是经过延安整风运动和党的七大，我们党全面总结了处理党内关系的正反两方面的经验，"逐步形成了以实事求是、理论联系实际、党员和领导密切联系群众、开展批评与自我批评、坚持民主集中制为主要内容的党内政治生活准则"②。

　　1980 年 2 月，党的十一届五中全会通过了《关于党内政治生活的若干准则》，提出在新的历史时期，必须认真维护党规党法，切实搞好

---

① 中共中央文献研究室、中央档案馆：《建党以来重要文献选编（1921—1949）》第 1 册，中央文献出版社 2011 年版，第 163 页。

② 中共中央文献研究室：《三中全会以来重要文献选编》（上），中央文献出版社 2011 年版，第 359 页。

党风，加强和改善党的领导，在全党和全国范围内造成一个既有民主又有集中，既有自由又有纪律，既有个人心情舒畅、生动活泼又有统一意志、安定团结的政治局面。1983 年 10 月，邓小平在党的十二届二中全会上强调："各级领导干部，特别是高级干部，更应该严格遵守党章、遵守《关于党内政治生活的若干准则》，起模范作用。"①20 世纪 90 年代以后，江泽民也强调："什么时候正确贯彻了民主集中制和集体领导原则，党的路线和政策就较少出现偏差，……要用这条路线来指导我们健全党内政治生活，进一步完善民主集中制的具体制度，保证党的路线能够更好地贯彻执行"②。2006 年 1 月，胡锦涛在十六届中央纪委六次全会上指出，党章对党内政治生活、组织生活的所有重大原则问题都提出了明确要求，是规范和制约全党行为的总章程，"只有把党章学习好、遵守好、贯彻好、维护好，才能保证全党严格执行党的制度和纪律，为维护党的团结统一、完成党的各项任务提供坚强保证"③。2016 年 7 月 1 日，在庆祝中国共产党成立 95 周年大会上，习近平总书记指出："严肃党内政治生活是全面从严治党的基础。党要管党，首先要从党内政治生活管起；从严治党，首先要从党内政治生活严起。我们要加强和规范党内政治生活，严肃党的政治纪律和政治规矩，增强党内政治生活的政治性、时代性、原则性、战斗性，全面净化党内政治生态。"④

2016 年 10 月，党的十八届六中全会以全面从严治党为主题，总结

① 《邓小平文选》第三卷，人民出版社 1993 年版，第 39 页。
② 《江泽民文选》第一卷，人民出版社 2006 年版，第 97 页。
③ 中共中央文献研究室：《十六大以来重要文献选编》（下），中央文献出版社 2011 年版，第 174 页。
④ 《习近平谈治国理政》第二卷，外文出版社 2017 年版，第 44 页。

我们党开展党内政治生活的历史经验，并依据党的十八大以来新的理论和实践加以创新，审议通过了《关于新形势下党内政治生活的若干准则》和《中国共产党党内监督条例》。《准则》和《条例》都是规范党内政治生活的重要文件。《准则》总结了党的十八大以来全面从严治党的成功经验，针对党内存在的突出矛盾和问题，提出了坚定理想信念、坚持党的基本路线、坚决维护党中央权威、严明党的政治纪律、保持党同人民群众的血肉联系、坚持民主集中制原则、发扬党内民主和保障党员权利、坚持正确选人用人导向、严格党的组织生活制度、开展批评和自我批评、加强对权力运行的制约和监督、保持清正廉洁的政治本色等12个方面共 160 多条规定。

2017 年 10 月，党的十九大报告指出："要尊崇党章，严格执行新形势下党内政治生活若干准则，增强党内政治生活的政治性、时代性、原则性、战斗性"[1]。十九大党章也强调："加强和规范党内政治生活，增强党内政治生活的政治性、时代性、原则性、战斗性，发展积极健康的党内政治文化，营造风清气正的良好政治生态。党在自己的政治生活中正确地开展批评和自我批评，在原则问题上进行思想斗争，坚持真理，修正错误。努力造成又有集中又有民主，又有纪律又有自由，又有统一意志又有个人心情舒畅生动活泼的政治局面。"[2]2022 年 10 月，二十大党章对此进行了重申，党的二十大报告还强调要"增强党内政治生活政治性、时代性、原则性、战斗性，用好批评和自我批评武器，持续净化

---

① 《习近平谈治国理政》第三卷，外文出版社 2020 年版，第 49 页。

② 本书编委会：《中国共产党历次党章汇编（1921—2022）》，中国方正出版社 2023 年版，第 600—601 页。

党内政治生态"①。

党要管党必须从党内政治生活管起，从严治党必须从党内政治生活严起。实践证明，严格的党内政治生活是保持党的先进性、纯洁性、凝聚力、战斗力的重要保证，也是马克思主义政党区别于其他政党的鲜明特征。习近平总书记强调："加强和规范党内政治生活、加强党内监督，都是新形势下加强党的建设十分重要的课题，也是我们推进全面从严治党的重要抓手。"②领导干部开展党内政治生活，关键在于加强政治训练、政治历练，把政治纪律、政治规矩挺在前面，深刻领悟"两个确立"的决定性意义，增强"四个意识"、坚定"四个自信"、做到"两个维护"，不断提高政治站位、锤炼政治能力、强化政治担当。

① 《习近平著作选读》第一卷，人民出版社 2023 年版，第 53 页。
② 中共中央党史和文献研究院：《十八大以来重要文献选编》（下），中央文献出版社 2018 年版，第 407 页。

006　党内民主

党内民主，是指在党的政治生活中，全体党员一律平等地直接或者间接地参与、决定和管理党内事务。党内民主的表现形式是制度，其核心价值是实现全体党员在党内政治生活中的主体地位，其效能在于激发广大党员的积极性、主动性、创造性。党内民主包括民主选举、民主决策、民主管理、民主监督等。

"党内民主"这一概念首次进入党章，是在1945年党的七大上。七大党章要求："党的各级领导机关，必须遵照党内民主的原则进行工作，才能发扬党员的革命积极性、创造性与巩固党的纪律，并使这种纪律成为自觉的而不是机械的纪律，才能使领导机关的领导工作臻于正确，才能建立与巩固在民主基础上的集中制。"[1]1956年八大党章进一步指出："党必须采取有效的办法发扬党内民主，鼓励一切党员、党的基层组织和地方组织的积极性和创造性，加强上下级之间的生动活泼的联系。"[2]1977年十一大党章要求全体党员和党的各级组织"要充分发扬党

---

[1] 本书编委会：《中国共产党历次党章汇编（1921—2022）》，中国方正出版社2023年版，第119页。

[2] 本书编委会：《中国共产党历次党章汇编（1921—2022）》，中国方正出版社2023年版，第232页。

内民主，发挥全体党员和党的各级组织的积极性和创造性，反对官僚主义、命令主义和军阀主义。"① 并要求党的基层组织要做到：发扬党内民主，开展批评和自我批评，揭露和消除工作中的缺点和错误，同违法乱纪、贪污浪费、官僚主义以及其他一切不良倾向作斗争。1992 年十四大党章规定："必须充分发扬党内民主，发挥各级党组织和广大党员的积极性创造性。"② 在此后修改的历次党章中，这一表述不断加以完善。党的十八大之后修改的党章中，都对其表述为："必须充分发扬党内民主，尊重党员主体地位，保障党员民主权利，发挥各级党组织和广大党员的积极性创造性。"③

2016 年 10 月党的十八届六中全会通过的《关于新形势下党内政治生活的若干准则》指出："党内民主是党的生命，是党内政治生活积极健康的重要基础。"④ 发展党内民主不是搞西方的所谓现代政党制度或者削弱党的领导，而是为了适应时代的要求和事业发展的需要，通过进一步发展党内民主，改进和完善党的领导方式和执政方式，推动决策的科学化和民主化，增强党的团结统一，提高党的创造力、凝聚力和战斗力，保持党的先进性，持续巩固和加强党的领导。

---

① 本书编委会:《中国共产党历次党章汇编（1921—2022）》，中国方正出版社 2023 年版，第 316 页。
② 本书编委会:《中国共产党历次党章汇编（1921—2022）》，中国方正出版社 2023 年版，第 377 页。
③ 《中国共产党章程》，人民出版社 2022 年版，第 12 页。
④ 中共中央党史和文献研究院:《十八大以来重要文献选编》（下），中央文献出版社 2018 年版，第 430 页。

007 党的思想路线

　　党的思想路线也叫认识路线，是中国共产党认识问题、分析问题、处理问题所遵循的最根本的指导原则和思想基础。在长期的革命实践中，中国共产党确立了一条实事求是的思想路线。

　　中国共产党最早提出实事求是这一概念，是在党的扩大的六届六中全会上。1938 年 10 月，毛泽东在全会上作《论新阶段》的政治报告，指出："共产党员应是实事求是的模范，又是具有远见卓识的模范。因为只有实事求是，才能完成确定的任务；只有远见卓识，才能不失前进的方向。"① 1941 年 5 月，毛泽东在延安高级干部会议上又作了《改造我们的学习》的报告，对实事求是作出了全新的、科学的解释。他指出："'实事'就是客观存在着的一切事物，'是'就是客观事物的内部联系，即规律性，'求'就是我们去研究。我们要从国内外、省内外、县内外、区内外的实际情况出发，从其中引出其固有的而不是臆造的规律性，即找出周围事变的内部联系，作为我们行动的向导。"② 毛泽东还特别强调，"实事求是"的科学态度，"就是党性的表现，就是理论和实际统一

---

① 《毛泽东选集》第二卷，人民出版社 1991 年版，第 522—523 页。
② 《毛泽东选集》第三卷，人民出版社 1991 年版，第 801 页。

的马克思列宁主义的作风"①。由此，"实事求是"这一中国古语就成为党的思想路线的科学概括。

"文化大革命"期间，实事求是的思想路线未能真正贯彻，国家建设受到严重挫折。"四人帮"被粉碎后，"两个凡是"又严重禁锢人们的思想，不利于社会各方面建设的恢复。为了改变这种局面，解放思想、冲破这个禁锢显得格外重要。邓小平强调："只有思想解放了，我们才能正确地以马列主义、毛泽东思想为指导，解决过去遗留的问题，解决新出现的一系列问题，正确地改革同生产力迅速发展不相适应的生产关系和上层建筑，根据我国的实际情况，确定实现四个现代化的具体道路、方针、方法和措施。"② 为此，全国掀起了一场"真理标准问题"的大讨论。

"关于真理标准问题的争论，的确是个思想路线问题，是个政治问题，是个关系到党和国家的前途和命运的问题。"③ 最终，全党认识统一到"实践是检验真理的唯一标准"这个马克思主义基本观点上。这场以理论界为主、新闻界积极推动、社会各界广泛参与的大讨论，最终冲破"两个凡是"的严重束缚，为重新确立马克思主义的思想路线、政治路线和组织路线奠定了理论基础，成为实现党和国家历史性伟大转折的思想先导。

1978 年 12 月，党的十一届三中全会对进一步继承和发扬毛泽东所倡导的马克思主义学风，即坚持唯物主义的思想路线问题，展开了深

---

① 《毛泽东选集》第三卷，人民出版社 1991 年版，第 801 页。
② 《邓小平文选》第二卷，人民出版社 1994 年版，第 141 页。
③ 《邓小平文选》第二卷，人民出版社 1994 年版，第 143 页。

入讨论，恢复和重新确立了党的实事求是的思想路线。1982 年 9 月，十二大党章第一次把党的思想路线完整表述为："一切从实际出发，理论联系实际，实事求是，在实践中检验真理和发展真理。"[①] 在其后修改的党章中，这一表述都得以沿用。党的十二大以来，党在不同时期根据不同实践环境和具体任务，针对在贯彻实事求是思想路线中存在的主要问题，分别突出强调了"解放思想""与时俱进""求真务实""守正创新"等方面，其目的和归宿都是真正彻底地做到实事求是。正是因为党的思想路线的实质和核心是实事求是，所以通常把党的思想路线简称为实事求是的思想路线。

---

① 本书编委会：《中国共产党历次党章汇编（1921—2022）》，中国方正出版社 2023 年版，第 329 页。

008 党的组织系统

党的组织系统，是指党的各级组织构成的整个党的组织体系。中国共产党是按照民主集中制原则建立起来的统一整体，自上而下地建立了各级组织机构和领导机关，把党的各级组织和全体党员组织起来，构成了严密的组织系统，形成了一个坚强的战斗集体。

自成立之日起，中国共产党就十分重视党的组织体系建设。党的一大通过的《中国共产党第一个纲领》对党的中央执行委员会、党的地方组织和党员等方面进行了明确规定，并强调党的地方委员会超过10人的应设财务委员、组织委员和宣传委员各1人，超过30人的应设立执行委员会，并受中央执行委员会的监督。二大党章首次提出了"组织系统"的概念，指出"各组组织，为本党组织系统，训练党员及党员活动之基本单位，凡党员皆必须加入"①，并将党的组织系统划分为：党的全国代表大会、中央执行委员会、区及地方执行委员会和地方党支部。

其后，五大党章进一步将党的组织系统划分为：中央机关、省的组织、市或县的组织、区的组织、党的支部。六大党章首次将"党的组织

---

① 本书编委会：《中国共产党历次党章汇编（1921—2022）》，中国方正出版社 2023 年版，第 64 页。

系统"独立成章，提出了"党以地域原则划分为单位"[1]的原则，并将党的组织体系划分为党的支部、区委员会、县或市委员会、特别区（包括几县或省之一部分）、省委员会和中央委员会。同时为便于管理，六大党章还规定在少数民族地区党委之下设立"少数民族工作部"。

七大党章提出了"党的基础组织"的概念，指出"党的基础组织，是党的支部"[2]，并明确了党支部的地位和党支部的任务。同时，还提出了"党外组织中的党组"的概念，规定："在政府、工会、农会、合作社及其他群众组织的领导机关中，凡有担任负责工作的党员三人以上者，即成立党组。党组的任务，是在各该组织的领导机关中指导党员为加强党的影响、实现党的政策而工作"[3]。为适应战争的需要，七大党章还规定："在数省或几个边区范围内，得成立中央局与中央分局。"[4]

新中国成立后，党的组织系统基本定型。八大党章提出了"党的基层组织"的概念，明确规定：工厂、矿山等企业，乡、镇、农业生产合作社，机关、学校、街道，连队和其他基层单位，"凡是有正式党员三人以上的，都应当成立党的基层组织"[5]。同时，还对党总支部、支部和

[1] 本书编委会:《中国共产党历次党章汇编（1921—2022）》，中国方正出版社 2023 年版，第 99 页。

[2] 本书编委会:《中国共产党历次党章汇编（1921—2022）》，中国方正出版社 2023 年版，第 124 页。

[3] 本书编委会:《中国共产党历次党章汇编（1921—2022）》，中国方正出版社 2023 年版，第 127 页。

[4] 本书编委会:《中国共产党历次党章汇编（1921—2022）》，中国方正出版社 2023 年版，第 120 页。

[5] 本书编委会:《中国共产党历次党章汇编（1921—2022）》，中国方正出版社 2023 年版，第 248 页。

小组的建制、产生办法、职能进行了规定。

进入改革开放和社会主义现代化建设新时期，十二大党章进一步将省、自治区、直辖市、设区的市、自治州、县（旗）、不设区的市、区中的党组织统称为"党的地方组织"。为恢复党的组织体系，十二大党章重新设立了党的纪律检查委员会，并将"党组"单独作为一章，对其产生、职责、制度等进行了更为详细的规定。此后历届党章基本上都沿用了十二大党章的章节设置，继续将党的组织体系划分为：党的中央组织、党的地方组织和党的基层组织。

2018年7月，习近平总书记在全国组织工作会议上首次提出了"党的组织体系"的概念，并强调"党的全面领导、党的全部工作要靠党的坚强组织体系去实现"[①]。历史表明，党越成熟，承担的历史使命越重大，党的组织体系也就越完善。

---

① 习近平：《在全国组织工作会议上的讲话》，人民出版社2018年版，第11页。

009 民主集中制

　　中国共产党实行的民主集中制，是又有集中又有民主、又有纪律又有自由、又有统一意志又有个人心情舒畅生动活泼的制度，是民主和集中紧密结合的制度。在充分发扬民主的基础上进行集中，坚持党中央权威和集中统一领导，集中全党智慧，体现全党共同意志，这是中国共产党人的一大创举。

　　民主集中制作为中国共产党的根本组织原则被确立下来，经历了一个曲折的过程。早在建党期间，围绕党的组织原则问题就曾发生过分歧。1921 年 2 月，党的主要创始人陈独秀起草了一份党的章程，拟采取中央集权制。上海的李汉俊也起草了一份党章，主张地方分权，而中央只是一个有职无权的机关。最终，陈独秀的意见获得多数人的赞同。

　　五大党章中曾经作出过"党部的指导原则为民主集中制"的表述，但将民主集中制作为党的根本组织原则并正式写入党章，是在党的六大上。1928 年 7 月，六大党章规定："组织原则：中国共产党与共产国际的其他支部一样，其组织原则为民主集中制。"[①]大会通过的《政治决议案》确立了秘密条件下党的活动的两大原则：一是党不能因为从公开走

---

① 本书编委会：《中国共产党历次党章汇编（1921—2022）》，中国方正出版社 2023 年版，第 98 页。

向地下而放弃党内民主；二是党内民主不能走向极端民主主义。为此，党的六大修改后的新党章首次提出了党的民主集中制的三条根本原则："（1）下级党部与高级党部由党员大会、代表会议及全国大会选举之。（2）各级党部对选举自己的党员，应作定期的报告。（3）下级党部一定要承认上级党部的决议，严守党纪，迅速且切实的执行共产国际执行委员会和党的指导机关之决议。管辖某一区域的组织，对该区域的各部分的组织为上级机关。党员对党内某个问题，只有在相当机关对此问题的决议未通过以前可以举行争论。"①

经过长期的探索，1945 年党的七大修改党章时，对民主集中制作了进一步概括："中国共产党是按民主的集中制组织起来的，是以自觉的、一切党员都要履行的纪律联结起来的统一的战斗组织"，"民主的集中制，即是在民主基础上的集中和在集中领导下的民主"②。对于实行民主集中制的基本条件，党章明确规定："党员个人服从所属党的组织，少数服从多数，下级组织服从上级组织，部分组织统一服从中央。"③这个规定的要点，在后来历次修改的党章中一直延续下来。

新中国成立后，随着中国共产党在全国执政，党的领导制度就贯彻到国家制度建设之中，民主集中制也就成为党领导国家政权的组织原则。1956 年 9 月，党的八大通过的党章，把原来"民主的集中制"正

---

① 本书编委会：《中国共产党历次党章汇编（1921—2022）》，中国方正出版社 2023 年版，第 98 页。

② 本书编委会：《中国共产党历次党章汇编（1921—2022）》，中国方正出版社 2023 年版，第 113、117 页。

③ 本书编委会：《中国共产党历次党章汇编（1921—2022）》，中国方正出版社 2023 年版，第 117 页。

式修改为"民主集中制",并明确强调"中国共产党的组织原则是民主集中制。这就是在民主基础上的集中和在集中指导下的民主"①。同时,八大党章还把实行民主集中制的基本条件增修到六项,增写了"党的最高领导机关是全国代表大会,在地方范围内是地方各级代表大会","党的各级领导机关必须经常听取下级组织和党员群众的意见","党的下级组织必须定期向上级组织报告工作"②等内容。这些修改进一步完善了民主集中制的具体原则。

1982年党的十二大通过的党章将"坚持民主集中制"概括为党的建设三项"基本要求"之一,并从六个方面对民主集中制的基本原则进行了规定。1992年党的十四大通过的党章将民主集中制的表述进一步修订为"民主集中制是民主基础上的集中和集中指导下的民主相结合"③。此后,根据党的建设的创新经验,从党的十三大到十九大,都对党章做出相应修正,促进民主集中制进一步完善。2022年党的二十大通过的党章在历次修订的基础上对民主集中制进行了最新表述,第二章第十条则再次重申了民主集中制的六条基本原则。

---

① 本书编委会:《中国共产党历次党章汇编(1921—2022)》,中国方正出版社2023年版,第232页。

② 本书编委会:《中国共产党历次党章汇编(1921—2022)》,中国方正出版社2023年版,第239页。

③ 本书编委会:《中国共产党历次党章汇编(1921—2022)》,中国方正出版社2023年版,第377页。

010 组织生活

党的组织生活，是党内政治生活的重要组成部分和组织保障，是党组织对党员进行教育、管理、监督的重要形式。组织生活的内容一般包括：对党员进行党的基本知识和党的历史的教育，学习马克思主义基本理论和党的路线方针政策及有关业务知识，传达中央和上级党组织的文件、指示，开展批评与自我批评，发展党员，处理违纪党员和不合格党员，开展适合党员特点的各种形式的活动。开展组织生活，主要依托党支部、党小组进行，主要形式有党员大会、支部委员会、党小组会、民主生活会以及党课、民主评议党员、评选优秀党员和先进党组织等。

党领导革命的历史经验表明，党的组织生活越严格，党的政治生活就越健康，党的凝聚力和战斗力就越强大。新中国成立后，党的组织生活围绕党的工作中心，根据国家建设和发展面临的形势与任务，其内容和形式不断发生调整和变化，并融入党和国家的政治生活之中。从1950年开始，在基层党支部逐步明确了"三会一课"制度，此后，党的组织生活制度不断丰富和完善。

"组织生活"首次写入党章，是在1977年8月党的十一大上。十一大党章规定："党员没有正当理由，六个月不参加党的组织生活，不做党所分配的工作，并且不交纳党费的，就被认为自行脱党。"①其后，在总结历史经验的基础上，党的十一届五中全会通过《关于党内政治生活的若干准则》，明确规定"每个党员不论职务高低，都必须编入党的一个组织，参加组织生活"②。这一规定在1982年修改的十二大党章中得到了进一步的丰富和完善，要求"每个党员，不论职务高低，都必须编入党的一个支部、小组或其他特定组织，参加党的组织生活，接受党内外群众的监督。不允许有任何不参加党的组织生活、不接受党内外群众监督的特殊党员"；"党员如果没有正当理由，连续六个月不参加党的组织生活，或不交纳党费，或不做党所分配的工作，就被认为是自行脱党"③。1992年，十四大党章在此基础上，又增加了"党员领导干部还必须参加党委、党组的民主生活会"④。此后，历次修改的党章都沿用了这一规定。

对于党的各级组织而言，严肃认真地开展党的组织生活，有利于强化党员意识、增强党的观念、提高党性修养，有利于发展党内民主，贯彻群众路线，密切党同人民群众的联系，努力在全党形成又有集中又有民主、又有纪律又有自由、又有统一意志又有个人心情舒畅的生动活泼

① 本书编委会：《中国共产党历次党章汇编（1921—2022）》，中国方正出版社2023年版，第320页。
② 中共中央办公厅法规局：《中国共产党党内法规汇编》，法律出版社2021年版，第236页。
③ 本书编委会：《中国共产党历次党章汇编（1921—2022）》，中国方正出版社2023年版，第334页。
④ 本书编委会：《中国共产党历次党章汇编（1921—2022）》，中国方正出版社2023年版，第382页。

的政治局面。因此，党的组织生活的形式应当富有生气、丰富多彩，以起到对党员进行有效教育管理和凝聚感召的作用。

对于党员个人来说，按照规定参加党的组织生活，可以接受党组织的教育，取得党员之间的相互帮助，得到锻炼，增强组织观念，提高思想觉悟和政治水平；可以发表对党的政策的意见，对党的工作提出建议和倡议，发挥党员的积极作用；可以在党组织和党内外群众的监督下，发扬优点，克服缺点，纠正错误，不断提高。因此，每个共产党员，特别是党员领导干部都必须自觉地参加党的组织生活，接受党组织的教育和监督，增强党的观念，不断加强党性修养和锻炼，使自己成为一名优秀的共产党员。

011　民主生活会

　　民主生活会制度作为一项党内监督制度，是党内政治生活的重要内容，是发扬党内民主、加强党内监督、依靠领导班子自身力量解决矛盾和问题的重要方式。

　　建党初期，中国共产党就十分重视发扬党内民主，并在加强和改进党的建设的长期实践中逐步形成了民主生活会制度。1929 年 12 月召开的古田会议强调了加强党的思想建设的重要性，提出要"发动地方党对红军党的批评和群众政权机关对红军的批评，以影响红军的党和红军的官兵"①，认为"党内批评是坚强党的组织、增加党的战斗力的武器"②，要开展正确的党内批评解决各种错误思想。1938 年 10 月，毛泽东在党的扩大的六届六中全会上总结党过去犯错误的教训，强调"必须在党内施行有关民主生活的教育，使党员懂得什么是民主生活，什么是民主制和集中制的关系，并如何实行民主集中制。这样才能做到：一方面，确实扩大党内的民主生活；又一方面，不至于走到极端民主化，走到破坏纪律的自由放任主义"③。1941 年，为纠正党内在政治上、组织上和思

① 《毛泽东选集》第一卷，人民出版社 1991 年版，第 88 页。
② 《毛泽东选集》第一卷，人民出版社 1991 年版，第 90 页。
③ 《毛泽东选集》第二卷，人民出版社 1991 年版，第 529 页。

想上存在的个人英雄主义、无组织状态等错误倾向，中央政治局通过了《中共中央关于增强党性的决定》，提出领导干部必须参加党的组织生活，听取党员群众的批评。在 1942 年开始的延安整风运动中，通过倡导和践行批评和自我批评的方式，党内民主得到了极大发挥，有力地清除了党内存在的各种错误思想，成为党的民主生活的成功实践。

新中国成立后，1956 年党的八大要求坚持党的集体领导原则，健全党的民主集中制，加强对党的组织和党员的监督。但随后发生的反右派斗争扩大化、"大跃进"运动等，使党内民主难以实现。在 1962 年年初召开的七千人大会上，刘少奇建议，各级党的委员会一个月之内要有一次党内生活会；委员会开会，进行批评和自我批评。但不久，"文化大革命"的爆发，又使党内民主生活制度遭到严重破坏。

进入改革开放和社会主义现代化建设新时期，1980 年党的十一届五中全会通过的《关于党内政治生活的若干准则》明确要求："各级党委或常委都应定期召开民主生活会，交流思想，开展批评和自我批评。"[1]民主生活会制度第一次在党内法规中被确定下来。1992 年 10 月，十四大党章首次规定："党员领导干部还必须参加党委、党组的民主生活会。不允许有任何不参加党的组织生活、不接受党内外群众监督的特殊党员。"[2]这样，民主生活会制度就被正式写入党章，上述规定也在其后历次修改的党章中延续下来。

---

① 中共中央办公厅法规局:《中国共产党党内法规汇编》，法律出版社 2021 年版，第 236 页。

② 本书编委会:《中国共产党历次党章汇编（1921—2022）》，中国方正出版社 2023 年版，第 382 页。

　　中国特色社会主义进入新时代，以习近平同志为核心的党中央高度重视民主生活会的制度化规范化建设，中央政治局还带头开好民主生活会，为全党作出了重要示范。2016 年中共中央发布《县以上党和国家机关党员领导干部民主生活会若干规定》，强调坚持和完善民主生活会制度，是保证党的团结统一、保持党的先进性和纯洁性的一大法宝，要求民主生活应当遵循"团结—批评—团结"的方针，贯彻整风精神，充分发扬民主，开展积极健康的思想斗争，严肃认真开展批评和自我批评，坚持实事求是，讲党性不讲私情、讲真理不讲面子，严肃认真提意见，满腔热情帮同志，达到统一思想、增进团结、互相监督、共同提高的目的。

012 党的组织路线

中国共产党是按照马克思主义建党原则建立起来的，向来重视干部队伍建设，始终把选人用人作为关系党的事业兴衰成败的关键性和根本性问题来抓。在革命、建设和改革的不同时期，党始终坚持组织路线服务政治路线，为党的事业发展提供坚强的组织保证。

早在中国共产党成立初期，就对党的组织系统和党员作出过具体规定。1925年，党的四大将组织建设放到了党的建设首要和突出的位置。1928年，党的六大第一次提出"组织路线"的概念，初步形成了党的组织路线理论。1938年，在党的扩大的六届六中全会上，毛泽东指出"政治路线确定之后，干部就是决定的因素"[①]，并提出领导干部的标准是"才德兼备"，干部路线是"任人唯贤"而不是"任人唯亲"，要求必须关心党的干部、善于识别干部、善于使用干部、善于爱护干部。这标志着党的正确的组织路线已经确立。在正确的组织路线的指引下，党的干部队伍的整体素质得到极大提高。

新中国成立后，毛泽东提出："我们各行各业的干部都要努力精通技术和业务，使自己成为内行，又红又专。"[②] "又红又专"，要求党的干

①《毛泽东选集》第二卷，人民出版社1991年版，第526页。
②《毛泽东文集》第七卷，人民出版社1999年版，第309页。

部既要提高政治敏锐性，又要变成各项建设事业的行家里手，这就成为党的组织路线的代名词。但在"文化大革命"期间，党的组织路线发生偏差，并遭到严重践踏。

党的十一届三中全会之后，邓小平提出"思想路线政治路线的实现要靠组织路线来保证"①的论断，党的组织路线得到恢复。1979 年召开的全国组织工作座谈会，提出党在新时期的组织路线的主要内容是使党的组织工作、干部工作促进并确保"四个现代化"的实现。1982 年的十二大党章专门增加了"党的干部"一章，对党的干部工作提出了与时俱进的要求。此后，党中央提出"建设高素质干部队伍"的命题，突出强调选人用人要坚持德才兼备、以德为先，将其视为保持马克思主义执政党先进性和纯洁性的根本要求和重要保证，并强调要坚持党管干部的原则，逐步形成优秀人才能够脱颖而出、富有生机与活力的用人机制。

党的十八大以来，以习近平同志为核心的党中央高度重视党的组织建设和干部制度改革，针对党的组织建设中的突出问题，提出了一系列重大论断，采取了一系列重大举措。2018 年 7 月，习近平总书记在全国组织工作会议上明确提出了新时代党的组织路线，并将其概括为："全面贯彻新时代中国特色社会主义思想，以组织体系建设为重点，着力培养忠诚干净担当的高素质干部，着力集聚爱国奉献的各方面优秀人才，坚持德才兼备、以德为先、任人唯贤，为坚持和加强党的全面领导、坚持和发展中国特色社会主义提供坚强组织保证。"②2022 年 10 月，二十大党章将"坚持新时代党的组织路线"作为党的建设必须坚决实现

---

① 《邓小平文选》第二卷，人民出版社 1994 年版，第 190 页。
② 《习近平谈治国理政》第三卷，外文出版社 2020 年版，第 517 页。

的六项基本要求之一，强调："全党必须增强党组织的政治功能和组织功能，培养选拔党和人民需要的好干部，培养和造就大批堪当时代重任的社会主义事业接班人，聚天下英才而用之，从组织上保证党的基本理论、基本路线、基本方略的贯彻落实。"①

新时代党的组织路线，规定了党的组织建设的指导思想、工作布局、基本任务、方针原则、目标取向，对事关党的组织建设的方向性、原则性、战略性问题作出了科学回答和时代表达，是对党的组织建设历史经验的科学总结和理论升华，是对马克思主义党建理论作出的重大原创性贡献，为新时代加强党的组织建设提供了根本遵循。提出新时代党的组织路线，标志着我们党对组织建设规律的认识达到了一个新的高度。

① 《中国共产党章程》，人民出版社 2022 年版，第 11 页。

013 党的群众路线

群众路线，是中国共产党的根本路线和生命线，它的基本内容是："一切为了群众，一切依靠群众，从群众中来，到群众中去，把党的正确主张变为群众的自觉行动。"[①]

"群众路线"的首次提出，是在 1929 年 9 月 28 日《中共中央给红军第四军前委的指示信》中，信中指出"关于筹款工作亦要经过群众路线，不要由红军单独去干"[②]。此后，群众路线的领导方法和工作方法在党的工作中得到了更加自觉和广泛的运用。毛泽东指出："在我党的一切实际工作中，凡属正确的领导，必须是从群众中来，到群众中去。这就是说，将群众的意见（分散的无系统的意见）集中起来（经过研究，化为集中的系统的意见），又到群众中去作宣传解释，化为群众的意见，使群众坚持下去，见之于行动，并在群众行动中考验这些意见是否正确。然后再从群众中集中起来，再到群众中坚持下去。如此无限循环，一次比一次地更正确、更生动、更丰富。"[③]

[①] 本书编委会：《中国共产党历次党章汇编（1921—2022）》，中国方正出版社 2023 年版，第 377 页。

[②] 中共中央文献研究室、中央档案馆：《建党以来重要文献选编（1921—1949）》第 6 册，中央文献出版社 2011 年版，第 516 页。

[③]《毛泽东选集》第三卷，人民出版社 1991 年版，第 899 页。

群众路线最早反映在党章中，是在 1945 年党的七大上。七大党章确立了毛泽东思想为党的指导思想，并规定："中国共产党人必须具有全心全意为中国人民服务的精神，必须与工人群众、农民群众及其他革命人民建立广泛的联系，并经常注意巩固与扩大这种联系。"[①] 在党的七大上，刘少奇作《关于修改党章的报告》时也说："我们党——中国人民的先锋队，必须经常清除上述各种脱离人民群众的倾向，而实行密切联系人民群众的路线。所谓密切联系人民群众的路线，就是党的群众路线"[②]。

1956 年，八大党章提出："中国共产党的一切主张的实现，都要通过党的组织和党员在人民群众中间的活动，都要通过人民群众在党的领导下的自觉的努力。因此，必须不断地发扬党的工作中的群众路线的传统。"[③] 1982 年，党的十二大修改党章时，对党的群众路线作了完整表述："党坚持用共产主义思想教育群众，并在自己的工作中实行群众路线，一切为了群众，一切依靠群众，把党的正确主张变为群众的自觉行动。"[④] 1992 年党的十四大修改的党章对群众路线作了进一步的丰富和发展："党在自己的工作中实行群众路线，一切为了群众，一切依靠群众，

[①] 本书编委会：《中国共产党历次党章汇编（1921—2022）》，中国方正出版社 2023 年版，第 112 页。

[②] 本书编委会：《中国共产党历次党章汇编（1921—2022）》，中国方正出版社 2023 年版，第 164 页。

[③] 本书编委会：《中国共产党历次党章汇编（1921—2022）》，中国方正出版社 2023 年版，第 231 页。

[④] 本书编委会：《中国共产党历次党章汇编（1921—2022）》，中国方正出版社 2023 年版，第 329 页。

从群众中来，到群众中去，把党的正确主张变为群众的自觉行动。"①此后修改的党章，都沿用了这一表述。

群众路线是中国共产党的优良传统和作风，是共产党人区别于任何其他政党的一个显著标志。习近平总书记指出："我们要坚持党的群众路线，始终保持党同人民群众的血肉联系，始终接受人民群众批评和监督，心中常思百姓疾苦，脑中常谋富民之策，使我们党永远赢得人民群众信任和拥护，使我们的事业始终拥有不竭的力量源泉。"②

① 本书编委会:《中国共产党历次党章汇编（1921—2022）》，中国方正出版社 2023 年版，第 377 页。
②《习近平谈治国理政》第二卷，外文出版社 2017 年版，第 53 页。

014 批评和自我批评

"批评和自我批评"是中国共产党的优良传统和作风，是党强身治病、保持肌体健康的锐利武器，是加强和规范党内政治生活的重要手段，也是无产阶级政党区别于其他政党的重要标志。

在1945年党的七大上，毛泽东作了《论联合政府》的报告，他指出："以马克思列宁主义的理论思想武装起来的中国共产党，在中国人民中产生了新的工作作风，这主要的就是理论和实践相结合的作风，和人民群众紧密地联系在一起的作风以及自我批评的作风。"[①]随后，党的七大审议通过的党章明确提出："中国共产党应该用批评和自我批评的方法，经常检讨自己工作中的错误与缺点，来教育自己的党员和干部，并及时纠正自己的错误。"[②]这是党第一次将"批评和自我批评"写入自己的章程。

1956年党的八大上，邓小平在《关于修改党的章程的报告》中提出："各地区各部门党的组织，必须运用过去整党工作的经验，采取群众性的批评和自我批评的方法，每隔一定时期，对全体党员进行一次工

[①] 《毛泽东选集》第三卷，人民出版社1991年版，第1093—1094页。

[②] 本书编委会:《中国共产党历次党章汇编（1921—2022）》，中国方正出版社2023年版，第112页。

作作风的整顿，特别着重检查群众路线的执行情况。"① 随后通过的八大党章在总纲中明确规定："中国共产党和它的党员必须经常用批评和自我批评的方法揭露和消除自己的缺点和错误，以教育自己和人民。"② 这部党章在规定党员义务时强调"实行批评和自我批评，揭露工作中的缺点和错误，并且努力加以克服和纠正"③；在规定基层组织一般任务时又强调"开展批评和自我批评，揭露和消除工作中的缺点和错误，同一切违法乱纪、贪污浪费和官僚主义的现象进行斗争"④。这是党章第一次将批评和自我批评列为党员的义务和党组织的任务。

九大党章到十一大党章，不再使用"批评和自我批评"一词。1982 年，十二大党章继承和发展了八大党章的相关论述，在总纲中明确："党在自己的政治生活中正确地开展批评和自我批评，在原则问题上进行思想斗争，坚持真理，修正错误。"⑤ 这部党章在规定党员义务时又指出："切实开展批评和自我批评，勇于揭露和纠正工作中的缺点、

---

① 本书编委会:《中国共产党历次党章汇编（1921—2022）》，中国方正出版社 2023 年版，第 265 页。
② 本书编委会:《中国共产党历次党章汇编（1921—2022）》，中国方正出版社 2023 年版，第 233 页。
③ 本书编委会:《中国共产党历次党章汇编（1921—2022）》，中国方正出版社 2023 年版，第 235 页。
④ 本书编委会:《中国共产党历次党章汇编（1921—2022）》，中国方正出版社 2023 年版，第 250 页。
⑤ 本书编委会:《中国共产党历次党章汇编（1921—2022）》，中国方正出版社 2023 年版，第 329—330 页。

错误，支持好人好事，反对坏人坏事。"①党章在规定基层组织基本任务时明确要求，开展批评和自我批评，揭露、改正工作中的缺点和错误。1992 年，党的十四大通过的党章在规定党员义务时对批评和自我批评的要求作了调整，增加了"坚决同消极腐败现象作斗争"②这句话。在规定基层组织基本任务时，这部党章保留了开展批评和自我批评的要求，删除了党员义务中已经有明确规定的"揭露、改正工作中的缺点和错误"的要求。

2001 年，党的十五届六中全会作出《关于加强和改进党的作风建设的决定》，明确提出理论联系实际、密切联系群众、批评与自我批评三大优良作风。此后，"批评与自我批评"的提法成为党内规范用语。

批评和自我批评必须坚持实事求是，讲党性不讲私情、讲真理不讲面子，坚持"团结—批评—团结"的原则，按照"照镜子、正衣冠、洗洗澡、治治病"的要求，严肃认真提意见，满腔热情帮同志，决不能把自我批评变成自我表扬、把相互批评变成相互吹捧。

---

① 本书编委会:《中国共产党历次党章汇编（1921—2022）》，中国方正出版社 2023 年版，第 331 页。

② 本书编委会:《中国共产党历次党章汇编（1921—2022）》，中国方正出版社 2023 年版，第 379 页。

015 党的纪律建设

严明的纪律是马克思主义政党的基本特性。1847年，世界上第一个无产阶级政党——共产主义者同盟组建时，马克思就鲜明指出："我们现在必须绝对保持党的纪律，否则将一事无成。"[1] 恩格斯深刻揭示了否认党的纪律的危害："没有任何党的纪律，没有任何力量在一点的集中，没有任何斗争的武器！……这种革命方法无产阶级是无论如何不会仿效的！"[2]

严明的纪律也是中国共产党从胜利走向胜利的根本保证。1921年党的一大通过的《中国共产党第一个纲领》就规定："在党处于秘密状态时，党的重要主张和党员身份应保守秘密"，"地方委员会的财务、活动和政策，应受中央执行委员会的监督"[3]。1922年党的二大通过的第一部党章首次设立"纪律"专章，提出9条纪律要求，涉及政治纪律、组织纪律、宣传纪律、党员从业纪律等，以党内根本大法的形式宣示了党的纪律的威严性。1927年党的五大通过的《组织问题议决案》，第一次正

---

[1]《马克思恩格斯全集》第29卷，人民出版社1972年版，第413页。

[2]《马克思恩格斯全集》第17卷，人民出版社1963年版，第519页。

[3] 本书编委会：《中国共产党历次党章汇编（1921—2022）》，中国方正出版社2023年版，第60页。

式使用"政治纪律"一词，提出"党内纪律非常重要，但宜重视政治纪律"①。延安整风时期，为了统一全党的思想，1941年，毛泽东在《反对主观主义和宗派主义》中指出："路线是'王道'，纪律是'霸道'，这两者都不可少。"②

中国共产党取得全国执政地位后，始终把加强纪律建设摆在重要位置。新中国成立后不久，党就成立了中央纪律检查委员会。1950年开始全党整风，1951年进行"三反""五反"运动，这期间处理了刘青山、张子善等贪污腐败分子，严肃了党的纪律，维护了从严治党的形象，充分体现了我们党严肃党纪、建设廉洁政府的决心。1956年，党的八大通过的党章将党的纪律处分划分为五类：警告、严重警告、撤销党内职务、留党察看、开除党籍，一直沿用至今。1978年，党的十一届三中全会汲取"文化大革命"中党规党法被肆意践踏的深刻教训，在思想、政治、组织等领域全面拨乱反正，决定严肃党纪、健全党规党法，重新设立了中央纪律检查委员会。1980年，党的十一届五中全会通过《关于党内政治生活的若干准则》，明确提出"维护党的集中统一，严格遵守党的纪律"③。1982年，十二大党章恢复对党的纪律的规定，此后一直延续。

党的十八大以来，我们党严守纪律、严明规矩的优良传统进一步发扬光大。以习近平同志为核心的党中央全面加强党的领导和党的建设，

---

① 中共中央文献研究室、中央档案馆：《建党以来重要文献选编（1921—1949）》第4册，中央文献出版社2011年版，第208页。

② 《毛泽东文集》第二卷，人民出版社1993年版，第374页。

③ 中共中央办公厅法规局：《中国共产党党内法规汇编》，法律出版社2021年版，第230页。

坚决改变管党治党宽松软状况，推动全党尊崇党章，增强政治意识、大局意识、核心意识、看齐意识，坚决维护党中央权威和集中统一领导，严明党的政治纪律和政治规矩，层层落实管党治党政治责任。特别是坚持把纪律挺在前面，着力解决人民群众反映最强烈、对党的执政基础威胁最大的突出问题。

着眼于持之以恒正风肃纪，党的二十大明确提出："全面加强党的纪律建设，督促领导干部特别是高级干部严于律己、严负其责、严管所辖，对违反党纪的问题，发现一起坚决查处一起。"①党的二十大修改的党章强调："党的纪律是党的各级组织和全体党员必须遵守的行为规则，是维护党的团结统一、完成党的任务的保证。党组织必须严格执行和维护党的纪律，共产党员必须自觉接受党的纪律的约束。"②

打铁必须自身硬，全面从严治党永远在路上。永葆生机活力、走好新的赶考之路，推动全面从严治党向纵深发展，需要我们党把严明纪律的光荣传统和独特优势继续传承并发扬。

---

① 《习近平著作选读》第一卷，人民出版社 2023 年版，第 56 页。
② 《中国共产党章程》，人民出版社 2022 年版，第 28 页。

016 党的纪律处分

党的纪律处分，是指党的组织对于违反党的纪律的党组织或者党员，根据其错误性质和情节的严重程度，依照党章和相应的党内法规作出的惩戒手段的总称。

虽然中国共产党直到 1997 年才有了第一部党纪处分条例，但纪律处分的实践却是从建党之初就开始并不断发展的。1922 年，广州支部的负责人陈公博拒不执行中央决策，在报刊上发表文章支持军阀陈炯明，党中央给予其多次警告未果，最后决定开除其党籍，这也是党最早开展纪律处分的实践。1927 年 6 月，《中国共产党第三次修正章程决案》规定了对党员个人进行纪律处分的种类，包括警告、党内公开警告、临时取消工作、留党察看、开除党籍，并且首次在党章中规定了对党组织的处分种类，包括警告、改组、解散（重新登记）。1949 年 11 月，中共中央通过了《关于成立中央及各级党的纪律检查委员会的决定》，要求建立从中央到地方的各级纪律检查机关，并规定了各级纪委的任务和职权，其中一项很重要的任务就是受理和决定对党员的纪律处分工作。1982 年 9 月，党的十二大修订的党章在第七章中专门对党纪处分的种类、时限、职权、程序等作出规定。此后，中共中央纪律检查委员会还先后颁布了《关于共产党员违反社会主义道德党纪处分的若干规定（试行）》《关于共产党员在经济方面违法违纪党纪处分的若干规定（试行）》等多个单项的党纪处分规定。

为了在制度层面加强纪律建设，整合之前零散的单项党纪处分规定，1997 年 2 月，《中国共产党纪律处分条例（试行）》正式颁布，对 7 大类 128 种违纪行为作出规定。这是党的历史上第一部系统对违纪行为定性和量纪的党内法规，标志着党纪处分进入了制度化、规范化的阶段。2003 年 12 月，党中央总结党长期以来尤其是试行条例实施过程的经验，根据纪律处分工作面临的新情况新问题，修订颁布了《中国共产党纪律处分条例》，对党纪处分的程序进行细化规定。

党的十八大以来，以习近平同志为核心的党中央把纪律建设作为全面从严治党的治本之策，三次修订《中国共产党纪律处分条例》，体现了党中央坚持全面从严治党，以严明纪律推进党的自我革命的坚定决心，使纪律处分工作迈上了一个新台阶。2023 年 12 月，中共中央印发最新修订的《中国共产党纪律处分条例》，释放了从严治党越来越严、越往后执纪越严的强烈信号。

依据《中国共产党纪律处分条例》，对于违犯党纪的党组织，上级党组织应当责令其作出书面检查或者给予通报批评。对于严重违犯党纪、本身又不能纠正的党组织，上一级党的委员会在查明核实后，根据情节严重的程度，可以予以改组、解散。对违反党的纪律的党员，依据其违纪情节的轻重，实施纪律处分的种类分为五种：警告、严重警告、撤销党内职务、留党察看、开除党籍。

警告，是党内纪律处分中最轻微的处分。是对犯错误党员的一种告诫，使之注意和警惕。一般在工作上，由于经验不足或一时疏忽违犯党的纪律，或者错误虽属于思想品质方面，但错误性质和造成的后果又不严重的，可给予这种纪律处分。

严重警告，是对违反党的纪律的党员提出严重告诫。一般是党员所犯错误的性质和程度，比警告处分严重一些，但又构不成更严重的党内纪律处分的，可给予严重警告处分。受警告处分的党员一年内，受严重警告处分的党员一年半内，不得在党内提拔职务或者进一步使用，也不得向党外组织推荐担任高于其原任职务的党外职务或者进一步使用。

撤销党内职务，是对违纪错误性质严重，已不适宜继续担任党内领导职务的党员所实施的纪律处分。对于在党外组织担任职务的，党组织可以建议党外组织依照规定作出相应处理。受到撤销党内职务纪律处分的党员，二年内不得在党内担任和向党外组织推荐担任与其原任职务相当或者高于原任职务的职务。

留党察看，是对严重违反党的纪律的党员作暂时留在党内，以察看其今后表现的纪律处分。留党察看处分分为留党察看一年、留党察看二年两种。党员在留党察看期间，没有表决权、选举权和被选举权。留党察看期间确有悔改表现的，期满后按期恢复党员的权利；坚持错误不改的，应开除党籍；又犯有其他受党纪处分错误的，也应当开除其党籍。受到留党察看纪律处分的党员，党内职务自然撤销。对于在党外组织中担任职务的，党组织应当建议党外组织撤销其党外职务。受到留党察看纪律处分的党员，恢复党员权利后二年内，不得在党内担任和向党外组织推荐担任与其原任职务相当或者高于原任职务的职务。

开除党籍，是指党员所犯错误严重违反党的纪律，以致被开除出党的纪律处分，是党内最高的处分。受到开除党籍纪律处分的党员，党内职务自然撤销，且五年内不得重新入党，也不得推荐担任与其原任职务相当或者高于其原任职务的党外职务。

党组织和党员违反党章和其他党内法规，违反国家法律法规，违反党和国家政策，违反社会主义道德，危害党、国家和人民利益的行为，依照规定应当给予纪律处理或者处分的，都必须受到追究。纪律处分以惩戒的形式，督促各级党组织和全体党员自觉遵守党的纪律，有助于党员自觉提高党性修养，培养良好的纪法意识。

017 监督执纪"四种形态"

2016 年 10 月，党的十八届六中全会审议通过的《中国共产党党内监督条例》提出："党内监督必须把纪律挺在前面，运用监督执纪'四种形态'，经常开展批评和自我批评、约谈函询，让'红红脸、出出汗'成为常态；党纪轻处分、组织调整成为违纪处理的大多数；党纪重处分、重大职务调整的成为少数；严重违纪涉嫌违法立案审查的成为极少数。"①

监督执纪"四种形态"，是从党的历史和从严治党实践中总结出来的，既是我们党管党治党的优良传统的继承与发展，也顺应了新时代全面从严治党的实践要求。早在延安整风时期，毛泽东就提出："实行惩前毖后、治病救人的方针，借以达到既要弄清思想又要团结同志这样两个目的。对于人的处理问题取慎重态度，既不含糊敷衍，又不损害同志，这是我们的党兴旺发达的标志之一。"②此后，我们党在推进自我净化、自我革新和历次开展的整党、整风中也反复强调，处理违反党纪的

---

① 中共中央办公厅法规局:《中国共产党党内法规汇编》，法律出版社 2021 年版，第 630 页。

② 中共中央文献研究室、中央档案馆:《建党以来重要文献选编（1921—1949）》第 21 册，中央文献出版社 2011 年版，第 191 页。

党组织和党员，应当实行惩戒与教育相结合，做到宽严相济，以便在维护党规党纪严肃性的同时，更好地教育警示全党。

党的十八大以来，为了解决党内监督执纪手段单一、方式简单的问题，党的各级组织和纪检机关不断创新党内监督和纪律检查方式方法，开创反腐倡廉建设的新局面。针对在违规违纪党员干部的处理上，或者失之于软、放任自流，或者一味"抓大放小"，只重大案要案的问题，以习近平同志为核心的党中央坚持纪在法前、纪严于法，提出了综合运用监督执纪"四种形态"的工作理念，在推进管党治党方面取得了明显成效。监督执纪"四种形态"都是为了惩前毖后、治病救人，真正体现了对党员的严格要求和关心爱护。可以说，监督执纪"四种形态"丰富了党的执纪手段，让管党治党更加精细、更加科学，有力推进了监督执纪手段和目的的统一。

运用好监督执纪"四种形态"，关键要建立"常态"制度，做到不同情况不同处理。要把功夫下在平时，注重抓早抓小、防微杜渐，提早发现党员干部在思想、作风、纪律等方面存在的苗头性、倾向性问题和轻微违纪问题，及时进行提醒谈话和诫勉谈话，使党内政治生活有战斗性和锋芒，防止"苍蝇"变成"老虎"。要区分不太严重的"大多数"和比较严重的"少数"，对那些相信组织、迷途知返的违纪党员干部，多运用党纪轻处分、组织处理等方式，给其改过自新的机会；对拒不悔改甚至对抗组织调查的，则给予严厉惩处，保持正风反腐高压态势。同时应看到，对于各级党组织来说，运用监督执纪"四种形态"，责任不是轻了，而是更重了；执纪的力度不是小了，而是更大了。各级党委（党组）要知责明责、履职尽责，认真落实全面从严治党的主体责任，使党员干部时时处处受到纪律的严格约束；纪检监察机关要提高思想认识，强化监督执纪问责，把"四种形态"落实好、运用好，确保充分发挥纪律的惩戒警示作用。

　　监督执纪"四种形态"注重加强党组织的日常管理监督，把纪律挺在前面，是我们党在深刻总结管党治党经验基础上作出的重要理论和实践创新成果，体现了党的监督执纪理念和方式的重大转变，为新形势下党内监督工作提供了基本遵循。2017年10月，党的十九大将这一创新成果写入了新修改的党章，强调："坚持惩前毖后、治病救人，执纪必严、违纪必究，抓早抓小、防微杜渐，按照错误性质和情节轻重，给以批评教育直至纪律处分。运用监督执纪'四种形态'，让'红红脸、出出汗'成为常态，党纪处分、组织调整成为管党治党的重要手段，严重违纪、严重触犯刑律的党员必须开除党籍。"①2022年10月，二十大党章重申了这一要求。

---

① 本书编委会：《中国共产党历次党章汇编（1921—2017）》，中国方正出版社2023年版，第619页。

018 巡视制度

巡视是党内监督的重要方式，也是我们党管党治党的重要手段。中国共产党一经建立，就在积极探索加强党内监督的有效途径和方式的过程中，借鉴中国传统政治文化中的监督方式，探索建立了党的巡视制度。

为加强党的上级组织对下级组织工作的指导，1922 年制定的二大党章规定："一地方有两个支部以上，经中央执行委员会之许可，区执行委员会得派员至该地方召集全体党员大会或代表会""各区有两个地方执行委员会以上，中央执行委员会认为有组织区执行委员会必要时，即派员到该区召集区代表会"[1]。1925 年 10 月中央执行委员会扩大会议通过的《组织问题议决案》提出："增加中央特派巡行的指导员，使事实上能对于区及地方实行指导全部工作"[2]。这就是中国共产党党内巡视的雏形。

1928 年 10 月，中共中央制定了党的历史上第一部巡视条例，以中

---

[1] 本书编委会：《中国共产党历次党章汇编（1921—2022）》，中国方正出版社 2023 年版，第 64 页。

[2] 中共中央文献研究室、中央档案馆：《建党以来重要文献选编（1921—1949）》第 2 册，中央文献出版社 2011 年版，第 523 页。

共中央通告形式下发，指出巡视的目的在于"为使上级党部之一切策略、工作计划和指导能正确的被下级党部（直至支部）接受和执行；为直接帮助下级党部确定正确的政治、组织、工作的路线和一切工作的方法；为彻底的改造党的组织"[①]。中央苏区建立后，为巩固新生的红色革命政权，中华苏维埃中央人民政府针对当时存在的官僚主义作风和腐败现象，于1931年5月颁布《中央巡视条例》，对巡视工作的职责、权限、纪律等作了详细规定，并要求各省各地都要建立起符合本地实际的巡视制度。这标志着党内巡视制度的正式形成。

土地革命战争时期，党内巡视在维护党的集中统一领导、保障中央决策部署贯彻落实、加强对下级党组织和党员干部的监督、整顿地方组织等方面发挥了重要作用。在全面抗战初期，党内巡视仍有执行。但是随着抗战形势加剧，鉴于各根据地处于相对分散状态以及国民党、日军对抗日根据地的封锁，实行了10余年的党内巡视被迫中断，取而代之的是中央要求地方严格执行报告制度。新中国成立后，党中央从理论和实践两个方面加强巡视制度建设，巡视工作作为党内监督的一项重要内容越来越受到重视。但在"文化大革命"期间，这项工作被迫中止。

改革开放以后，我们党把历史上的巡视制度再次提出来。1990年，党的十三届六中全会提出，中央和省区市党委可以根据需要派出巡视工作小组。据此，1996年中央纪委第一次派出巡视组，2001年中央纪委、中央组织部联合派出巡视组开展巡视。2002年，党的十六大报告提出

---

① 中共中央文献研究室、中央档案馆：《建党以来重要文献选编（1921—1949）》第5册，中央文献出版社2011年版，第652页。

"建立和完善巡视制度"①。

经过制度设计、组织机构、工作方式等方面的不断发展，巡视工作由不固定到固定、由临时性到经常化，最终写入党章，成为党内的基本制度之一。十七大党章明确规定"党的中央和省、自治区、直辖市委员会实行巡视制度"②。这一规定在其后修改的党章中，都得到了沿袭。2009年，党中央颁布《中国共产党巡视工作条例（试行）》，成立中央巡视工作领导小组，将中央纪委、中央组织部巡视组提升更名为中央巡视组，对于推动巡视工作制度化、规范化发挥了重要作用。

党的十八大后，党中央从依然严峻复杂的反腐败斗争形势出发，把巡视工作摆在更加突出的位置，将巡视工作作为党内监督的战略性制度安排，进一步明确巡视定位，加大巡视覆盖力度，创新巡视工作方式方法，强化巡视反馈和巡视整改，在发挥巡视作用、推进管党治党上实现重大突破。

2015年8月，中共中央颁布实施修订的《中国共产党巡视工作条例》，是党的十八大以来中央发布的第一部关于党内监督的条例。2024年2月，中共中央发布了新修订的《中国共产党巡视工作条例》。《条例》明确指出："党的中央和省、自治区、直辖市委员会实行巡视制度，设立巡视机构，在一届任期内，对所管理的地方、部门、企事业单位党组织实现巡视全覆盖。"这一规定，是党章关于巡视制度要求的具

---

① 中共中央文献研究室:《十六大以来重要文献选编》（上），中央文献出版社2011年版，第28页。
② 本书编委会:《中国共产党历次党章汇编（1921—2022）》，中国方正出版社2023年版，第502页。

体化，是强化党内监督、推进全面从严治党的必然要求。

习近平总书记指出："实践证明，巡视制度可以有效、管用，关键是要用好。巡视成为党风廉政建设和反腐败斗争的重要平台，是党内监督与群众监督结合的重要方式，是上级党组织对下级党组织监督的重要抓手，为全面从严治党提供了有力支撑。"①

① 中共中央党史和文献研究院：《习近平关于全面从严治党论述摘编》，中央文献出版社 2021 年版，第 397—398 页。

019 巡察制度

　　巡察是巡视向基层的延伸和拓展，指的是市（地、州、盟）和县（市、区、旗）党委对所管理的党组织进行巡察。巡察与巡视同宗同源、相辅相成，都是党内监督、政治监督。

　　党的十八大以来，为严厉惩治腐败，塑造风清气正的政治生态，党中央将巡视作为一项战略性制度安排纳入全面从严治党的重大部署中，发现了一批大"老虎"的问题线索，起到了利剑震慑作用。但是，对于巡视不能覆盖到的市县基层党组织，如何加强监督和管理，兑现"老虎""苍蝇"一起打的承诺，成为党的一项重要政治任务。2015年1月，在十八届中央纪委五次全会上，习近平指出："巡视工作要向地市县一级延伸，盯住一把手，使他们自进入主要领导干部行列起就受到严格管理监督。"[①]此后，按照党中央关于加强市县基层党组织监督和管理的工作部署，部分省市结合本地实际进行了巡察工作的先期实践探索。

　　2016年10月，党的十八届六中全会审议通过的《中国共产党党内监督条例》明确：省、自治区、直辖市党委应当推动党的市（地、州、盟）和县（市、区、旗）委员会建立巡察制度，使从严治党向基层延伸。2017年7月修订的《中国共产党巡视工作条例》，更加明确地提出

　　[①] 中共中央纪律检查委员会、中共中央文献研究室：《习近平关于严明党的纪律和规矩论述摘编》，中央文献出版社2016年版，第124页。

巡察制度的顶层设计，规定党的市（地、州、盟）和县（市、区、旗）委员会建立巡察制度，设立巡察机构，对所管理的党组织进行巡察监督。同年 8 月，中共中央办公厅印发《关于市县党委建立巡察制度的意见》，对巡察工作总体要求、职责任务、监督质量、机构队伍、组织领导等作出明确规定，为开展市县巡察工作提供了制度保障。同年 10 月，党的十九大报告指出："在市县党委建立巡察制度，加大整治群众身边腐败问题力度。"① 同时，"建立巡察制度"的要求被写入十九大党章。

2019 年 5 月，全国市县巡察工作推进会强调，市县巡察，承接中央和省区市巡视监督，推动全面从严治党向基层延伸。巡察本质上是政治监督，巡察的方向在基层、重点在基层。开展市县巡察，就是要落实以人民为中心的发展思想。2020 年 12 月，中共中央办公厅印发《关于加强巡视巡察上下联动的意见》，明确了巡视巡察上下联动的总体要求、目标任务、组织领导、工作机制和保障措施，为推进巡视巡察上下联动作出了顶层设计，提供了制度支撑。2024 年 2 月，中共中央发布新修订的《中国共产党巡视工作条例》，其中新增第八章"巡察工作"专章，对巡察工作作出专门规定，凸显了巡察工作在巡视巡察体系中的重要地位，也充分体现了党中央对巡察工作的高度重视和深化基层管党治党实践的坚定决心。

党的基层组织是党在社会基层组织中的战斗堡垒，是党的全部工作和战斗力的基础。建立巡察制度，加强对基层党组织领导班子及其成员的监督，有利于强化党的领导，推动党的路线方针政策和中央重大决策部署在基层的贯彻落实；有利于加强党的建设，增强基层党组织创造

---

① 《习近平谈治国理政》第三卷，外文出版社 2020 年版，第 52 页。

力、凝聚力、战斗力，保持党的先进性和纯洁性；有利于推进全面从严治党，发现并推动解决群众身边的不正之风和腐败问题，密切党群干群关系，巩固党执政的政治基础；有利于督促基层完善制度、推动改革、促进发展，提高基层系统治理、依法治理、综合治理和源头治理能力。

　　巡察制度作为党内监督的重要制度安排，既体现出党自我净化、自我完善、自我革新、自我提高的一贯性和连续性，又具有鲜明的时代特征和创新特质，是党的监督理论与实践在新时代创新发展的成果。

020 党和国家监督体系

　　监督是权力正常运行的根本保证，在管党治党、治国理政中居于重要地位。党的十八大以来，"党领导完善党和国家监督体系，推动设立国家监察委员会和地方各级监察委员会，构建巡视巡察上下联动格局，构建以党内监督为主导、各类监督贯通协调的机制，加强对权力运行的制约和监督"①，构建起党统一领导、全面覆盖、权威高效的监督体系，走出了一条中国特色的监督之路。

　　加强党内监督，是马克思主义政党的一贯要求。党内监督具有纠错正偏、预防惩戒、约束制衡、指引促进等功能，有利于及时发现、推动解决党自身存在的各种问题，不断增强党的创造力、凝聚力、战斗力，确保党始终与人民同呼吸、共命运、心连心。中国共产党从成立之日起，就十分重视党内监督，通过建立党内监督机构，健全完善党内监督体制和制度体系，深入探索党内监督的方式方法和有效途径，保证了党历经坎坷而不衰，千锤百炼更坚强。

　　2016 年 10 月，党的十八届六中全会审议通过了《中国共产党党内监督条例》，首次提出要建立健全党内监督体系，即要"建立健全党中

---

① 《中共中央关于党的百年奋斗重大成就和历史经验的决议》，人民出版社 2021 年版，第 33 页。

央统一领导，党委（党组）全面监督，纪律检查机关专责监督，党的工作部门职能监督，党的基层组织日常监督，党员民主监督的党内监督体系"①。这彰显了我们党以自我革命的政治勇气，旗帜鲜明地加强党内监督的坚强决心。2017 年 10 月，十九大党章也强调："强化管党治党主体责任和监督责任，加强对党的领导机关和党员领导干部特别是主要领导干部的监督，不断完善党内监督体系。"②

党的执政地位，决定了党内监督在党和国家各种监督形式中是最基本的、第一位的，但在强化自身监督的同时，也离不开必要的外部监督。对此，党的十九大报告指出："增强党自我净化能力，根本靠强化党的自我监督和群众监督。""构建党统一指挥、全面覆盖、权威高效的监督体系，把党内监督同国家机关监督、民主监督、司法监督、群众监督、舆论监督贯通起来，增强监督合力。"③ 2019 年 10 月，党的十九届四中全会确立了党和国家监督体系在坚持和完善中国特色社会主义制度、推进国家治理体系和治理能力现代化中的重要支撑地位，对"坚持和完善党和国家监督体系，强化对权力运行的制约和监督"作出重大制度安排。2022 年 10 月，党的二十大新修改的党章在规定党的各级纪律检查委员会的主要任务时，增写了"推动完善党和国家监督体系"④。

习近平总书记强调："各级领导干部要主动接受各方面监督，这既

① 中共中央办公厅法规局：《中国共产党党内法规汇编》，法律出版社 2021 年版，第 630 页。
② 本书编委会：《中国共产党历次党章汇编（1921—2022）》，中国方正出版社 2023 年版，第 601 页。
③ 《习近平谈治国理政》第三卷，外文出版社 2020 年版，第 52—53 页。
④ 《中国共产党章程》，人民出版社 2022 年版，第 31 页。

是一种胸怀，也是一种自信。"① 完善党和国家监督体系，标志着我们党对长期执政条件下推进自我革命、永葆先进纯洁的认识达到新的高度，对于实现自我净化、自我完善、自我革新、自我提高，确保人民赋予的权力始终用来为人民谋幸福，具有十分重要的意义。

---

① 中共中央党史和文献研究院：《习近平关于全面从严治党论述摘编》，中央文献出版社 2021 年版，第 410 页。

021 党风建设和廉政建设

"党风好不好，是党能不能站得住、发展和存在的问题。"① 建党之初，中国共产党就非常注重党风廉政建设。在根据地局部执政期间，更是将党风廉政建设作为加强党的自身建设的一项重要任务。1937 年 11 月，毛泽东在《上海太原失陷以后抗日战争的形势和任务》的报告中，就向全党敲响警钟，提醒全党警惕国民党对共产党干部实行升官发财、酒色逸乐的引诱。1939 年，陈云发表《怎样做一个共产党员》《支部》等文章，对党员标准、支部的基本任务等问题作了系统的阐述，提出严格党员标准，严格组织生活，防范腐朽思想侵蚀。

延安时期，党的队伍迅速扩大，但部分新党员存在一些非无产阶级的思想，只是组织上入了党，思想上并没有完全入党，加上党内遗留的"左"倾教条主义的错误思想，使作风不纯的问题变得突出起来。为了把党建设成为一个真正先进的无产阶级政党，党开展了一次全党范围内的整风运动，还出台了《关于惩治贪污浪费行为》《开展反贪污浪费与反官僚主义斗争》《陕甘宁边区惩治贪污条例（草案）》等系列相关法律或具有法律性质的文件，以加强党风廉政建设。其间，刘少奇发表

① 中共中央文献研究室：《三中全会以来重要文献选编》（上），中央文献出版社 2011 年版，第 500 页。

了《论共产党员的修养》的演说，指出党内任何人都不得享有特权。从1942年到1945年，整风运动通过对主观主义、宗派主义和党八股等不良作风进行坚决斗争，从思想上、组织上和政治上纯洁了党的队伍，也使中国共产党的"三大优良作风"得到进一步发扬。

在解放战争时期党召开的七届二中全会上，毛泽东再次告诫全党，"夺取全国胜利，这只是万里长征走完了第一步"，"以后的路程更长，工作更伟大，更艰苦"。"务必使同志们继续地保持谦虚、谨慎、不骄、不躁的作风，务必使同志们继续地保持艰苦奋斗的作风"①。

新中国成立之初，党通过"三反""五反"运动，及时解决党内存在的不良作风问题。1950年5月，中共中央发出《关于在全党全军开展整风运动的指示》，要求在全党全军进行一次整风运动，严格整顿全党作风，首先是整顿干部作风。

进入改革开放和社会主义现代化建设新时期，党继续重视党风廉政建设。邓小平指出："在整个改革开放过程中都要反对腐败。对干部和共产党员来说，廉政建设要作为大事来抓。"②在党的十四大上，"加强党风建设和廉政建设"③的要求首次写入党章。随后，"颁布了《关于实行党风廉政建设责任制的规定》，制定了一批与《中国共产党纪律处分条例（试行）》《中国共产党党员领导干部廉洁从政若干准则（试行）》《中华人民共和国行政监察法》等基础性法律和党内法规相配套的规定

---

① 中共中央文献研究室、中央档案馆：《建党以来重要文献选编（1921—1949）》第26册，中央文献出版社2011年版，第212页。
②《邓小平文选》第三卷，人民出版社1993年版，第379页。
③ 本书编委会：《中国共产党历次党章汇编（1921—2022）》，中国方正出版社2023年版，第377页。

或实施细则。"①这些法律法规和规范性文件的制定和执行，促进了党风廉政建设和反腐败工作依法有序进行。

2000 年 12 月，江泽民在十五届中央纪委五次全会上强调："不解决好反腐倡廉的问题，改革发展稳定就没有坚强的政治保证，党和政府就会严重脱离群众，就有亡党亡国的危险"②。2005 年 10 月，胡锦涛在党的十六届五中全会上强调："要深入开展党风廉政建设和反腐败斗争，坚持标本兼治、综合治理、惩防并举、注重预防的方针，坚决克服各种消极腐败现象，从源头上预防和解决腐败问题，保持党同人民群众的血肉联系，团结带领群众不断开创改革开放和现代化建设的新局面。"③

党的十八大以来，以习近平同志为核心的党中央把加强党的作风建设紧紧抓在手上，以中央八项规定作为解决党的作风问题的切入口、动员令，以踏石留印、抓铁有痕的劲头狠抓作风建设，推动党风政风为之一新，党心民心为之大振。习近平总书记指出："党风廉政建设永远在路上，反腐败斗争永远在路上。"④全面建成社会主义现代化强国，实现中华民族伟大复兴的中国梦，需要我们抓紧党风廉政建设，永葆党的先进性和纯洁性。

---

① 中共中央文献研究室:《十六大以来重要文献选编》（上），中央文献出版社 2011 年版，第 55 页。
② 《江泽民文选》第三卷，人民出版社 2006 年版，第 175 页。
③ 中共中央文献研究室:《十六大以来重要文献选编》（中），中央文献出版社 2011 年版，第 1105—1106 页。
④ 中共中央党史和文献研究院:《习近平关于全面从严治党论述摘编》，中央文献出版社 2021 年版，第 386 页。

022 惩治和预防腐败体系

腐败是侵入党和国家健康肌体的毒瘤，党风廉政建设和反腐败斗争是一场你死我活的政治较量，是一场输不起的战争。中外反腐败斗争的经验教训表明，遏制和根除腐败，必须着重从源头入手，建立常态化的惩治和预防腐败的制度机制。

新中国成立前后，我们党主要是通过整风等形式开展思想政治教育和严厉惩治腐败分子两种手段反腐败。改革开放后，针对腐败现象这股风一时来得很猛的情况，在一段时间内我们侧重治标以遏制腐败现象蔓延势头。随着党风廉政建设和反腐败斗争的深入发展，越来越触及体制机制等深层次问题，从源头上防治腐败的任务日益凸显。党的十五大提出要通过深化改革铲除腐败现象滋生蔓延的土壤。党的十六大要求逐步加大治本力度，从源头上预防和解决腐败问题。

党的十六届三中全会明确提出，建立健全与社会主义市场经济体制相适应的教育、制度、监督并重的惩治和预防腐败体系，为完善社会主义市场经济体制营造良好的社会氛围。2005年1月，中共中央颁布《建立健全教育、制度、监督并重的惩治和预防腐败体系实施纲要》，提出"坚持教育、制度、监督并重。教育是基础，制度是保证，监督是关键。三者统一于惩治和预防腐败体系之中，相互促进，共同发挥作用。既要从严治标，更要着力治本，惩防并举，注重预防"①。

鉴于腐败现象的产生有着深刻的历史根源、思想根源、社会根源，短期内难以彻底根除，以及在实践中仍然存在的管党治党失之于宽、失之于松、失之于软的现象，党的十七大报告强调，要在坚决惩治腐败的同时，更加注重治本，更加注重预防，更加注重制度建设，拓展从源头上防治腐败工作领域，要"以完善惩治和预防腐败体系为重点加强反腐倡廉建设"②。大会修改的党章也指出："党坚持标本兼治、综合治理、惩防并举、注重预防的方针，建立健全惩治和预防腐败体系，坚持不懈地反对腐败，加强党风建设和廉政建设。"③十八大党章作了同样的表述。

党的十八大以来，以习近平同志为核心的党中央一方面积极推进建立健全惩治和预防腐败体系，另一方面又紧盯现实突出问题和短板弱点，着重从制度机制上进行创新性探索，解决管党治党宽松软问题。在十八届中央纪委二次全会上，习近平总书记明确提出"要加强对权力运行的制约和监督，把权力关进制度的笼子里，形成不敢腐的惩戒机制、不能腐的防范机制、不易腐的保障机制"④。在十八届中共中央政治局第二十四次集体学习时，习近平总书记强调："中外经验告诉我们，只有

① 中共中央文献研究室：《十六大以来重要文献选编》（中），中央文献出版社 2011 年版，第 537—538 页。
② 中共中央文献研究室：《十七大以来重要文献选编》（上），中央文献出版社 2009 年版，第 38 页。
③ 本书编委会：《中国共产党历次党章汇编（1921—2022）》，中国方正出版社 2023 年版，第 494 页。
④ 《习近平谈治国理政》第一卷，外文出版社 2018 年版，第 388 页。

坚持依法严厉惩治、形成不敢腐的惩戒机制和威慑力，坚持完善法规制度、形成不能腐的防范机制和预防作用，坚持加强思想教育、形成不想腐的自律意识和思想道德防线，才能有效铲除腐败现象的生存空间和滋生土壤。"① 十九大党章也强调："深入推进党风廉政建设和反腐败斗争，以零容忍态度惩治腐败，构建不敢腐、不能腐、不想腐的有效机制。"②

在党的二十大上，习近平总书记深刻总结反腐败斗争实践新经验，进一步强调："坚决打赢反腐败斗争攻坚战持久战。腐败是危害党的生命力和战斗力的最大毒瘤，反腐败是最彻底的自我革命。只要存在腐败问题产生的土壤和条件，反腐败斗争就一刻不能停，必须永远吹冲锋号。坚持不敢腐、不能腐、不想腐一体推进，同时发力、同向发力、综合发力。"③ 与之相适应，二十大党章也强调："深入推进党风廉政建设和反腐败斗争，以零容忍态度惩治腐败，一体推进不敢腐、不能腐、不想腐。"④ 这就进一步深化了对新时代反腐败斗争特点规律的认识，体现了新时代深入推进反腐败斗争的新特点新规律，向全党、全社会乃至全世界宣示了中国共产党坚决反对、坚决惩治腐败的决心与意志。

① 中共中央党史和文献研究院：《习近平关于全面从严治党论述摘编》，中央文献出版社 2021 年版，第 370 页。
② 本书编委会：《中国共产党历次党章汇编（1921—2022）》，中国方正出版社 2023 年版，第 601 页。
③《习近平著作选读》第一卷，人民出版社 2023 年版，第 56 页。
④《中国共产党章程》，人民出版社 2022 年版，第 12 页。

023 全面从严治党

习近平总书记指出："勇于自我革命，从严管党治党，是我们党最鲜明的品格。"[1] 古往今来，以严著称的政治组织并不鲜见，但真正做到以自我革命精神初始即严、步步从严、一严到底的政治组织却世所罕见。

建党之初，中国共产党就在党章制定修改中对入党条件进行了严格规定，在理论和实践中确立了民主集中制的原则制度。其后，通过颁布《巡视条例》正式建立党内巡视制度，在古田会议上确立了思想建党、政治建军原则，通过黄克功事件向全党表达从严治党的决心意志，在《〈共产党人〉发刊词》中郑重提出推进党的建设伟大工程，通过延安整风提升全党马克思主义水平，通过解放战争时期土改整党纠正党内错误思想倾向和不良作风，用"两个务必"的谆谆告诫为党迎接全国革命胜利做思想准备。

新中国成立初期，国家满目疮痍、一穷二白，在推动完成社会主义革命和社会主义建设全面展开过程中，党勇于自我革命，持续推动从严治党。1949 年 11 月，党作出《关于成立中央及各级党的纪律检查委员会的决定》，1950 年 5 月发出《关于在全党全军开展整风运动的指示》，

---

[1]《习近平谈治国理政》第三卷，外文出版社 2020 年版，第 20 页。

1951年下半年开展整党活动，1952年在党政军机关开展"三反"运动，1956年党的八大又着重提出执政党的建设问题，等等。

"文化大革命"结束后，面对长期"左"倾错误造成的困局险境，中国共产党用全面拨乱反正向全世界传达了党敢于承认错误、敢于修正错误的决心勇气，赢得了全国各族人民的信任和拥护。1978年12月党的十一届三中全会作出一系列加强党的建设的部署，决定健全党规党法，整顿党的作风；1980年2月党的十一届五中全会通过《关于党内政治生活的若干准则》；1983年10月党的十二届二中全会作出分期分批整党的决定；1989年秋冬和1990年春全党进行做合格党员的专题教育和党员重新登记工作。1992年10月，十四大党章首次将"从严治党"写入党章，指出："中国共产党要领导全国各族人民实现社会主义现代化的宏伟目标，必须紧密围绕党的基本路线加强党的建设，坚持从严治党，发扬党的优良传统和作风，提高党的战斗力，把党建设成为领导全国人民沿着有中国特色的社会主义道路不断前进的坚强核心。"①

1994年9月，党的十四届四中全会明确把党的建设提到"新的伟大工程"的高度。得益于勇于自我革命、从严管党治党的鲜明品格，党才能以巨大理论勇气和实践勇气不断破除阻碍国家和民族发展的一切思想和体制障碍，开辟中国特色社会主义道路，使中国大踏步赶上时代。

党的十八大以来，以习近平同志为核心的党中央锲而不舍地深入推进党的建设新的伟大工程，坚持治国必先治党、治党务必从严，以"永远在路上"的毅力韧劲，以"打铁必须自身硬"的高度自觉，坚定不移

---

① 本书编委会：《中国共产党历次党章汇编（1921—2022）》，中国方正出版社2023年版，第376页。

全面从严治党，坚持"严"字当头，坚决改变管党治党宽松软状况，靠"自身硬"凝聚起不可战胜的磅礴力量。特别是提出"全面从严治党"并将其纳入"四个全面"战略布局，持之以恒正风肃纪，确保了党以卓越的领导能力和执政能力团结带领人民谱写中国特色社会主义的新篇章。习近平总书记指出："我们党要始终成为时代先锋、民族脊梁，始终成为马克思主义执政党，自身必须始终过硬。"[1]这一鲜明态度，既展现出党对新时代历史方位和自身肩负使命的准确把握，也表达了中国共产党人加强自身建设的高度自信自觉。

---

① 《习近平谈治国理政》第三卷，外文出版社 2020 年版，第 13 页。

024 全面从严治党主体责任

全面从严治党主体责任指党委（党组）在全面从严治党中负主体责任，党委书记是第一责任人。2020年3月，中共中央办公厅印发的《党委（党组）落实全面从严治党主体责任规定》指出："党委（党组）必须深入贯彻习近平新时代中国特色社会主义思想，增强'四个意识'、坚定'四个自信'、做到'两个维护'，不忘初心、牢记使命，守责、负责、尽责，一以贯之、坚定不移全面从严治党，以伟大自我革命引领伟大社会革命，以科学理论引领全党理想信念，以'两个维护'引领全党团结统一，以正风肃纪反腐凝聚党心军心民心，永葆党的先进性和纯洁性，确保党始终成为中国特色社会主义事业的坚强领导核心。"①

党的十八大以来，以习近平同志为核心的党中央突出强调，全面从严治党是各级党组织的职责所在，各级党组织要担负起全面从严治党主体责任，努力推进党的自我净化、自我完善、自我革新、自我提高。习近平总书记指出："党风廉政建设和反腐败工作是全面从严治党的一部分，党的建设必须全面从严，各级党组织及其负责人都是责任主

---

① 中共中央办公厅法规局：《中国共产党党内法规汇编》，法律出版社2021年版，第223页。

体。"① 这是中国共产党从严治党实践的经验总结，也是新时代管党治党的新要求。

落实主体责任既是对各级党组织的政治要求，也是各级党组织的法定职责。2014 年 10 月，习近平总书记在党的群众路线教育实践活动总结大会上指出："从严治党，必须增强管党治党意识、落实管党治党责任。历史和现实特别是这次活动都告诉我们，不明确责任，不落实责任，不追究责任，从严治党是做不到的。"② 实现伟大梦想，必须建设伟大工程。而要建设伟大工程，就必须夯实各级党组织管党治党的主体责任，这是基本的政治立场、政治态度。在《中国共产党纪律处分条例》中，对党组织不履行全面从严治党主体责任或者履行主体责任不力的，作出了明确处分规定。这就需要各级党组织牢固树立抓全面从严治党是本职、不抓全面从严治党是失职、抓不好全面从严治党是渎职的观念，自觉把落实主体责任记在心上、扛在肩上、落实在行动上。

中国特色社会主义进入新时代，我们党着眼于新的形势任务，把全面从严治党纳入"四个全面"战略布局，层层落实管党治党政治责任，各级建立了党建工作责任制，党委抓、书记抓、各有关部门抓、一级抓一级、层层抓落实的党建工作格局基本形成，使全面从严治党成效卓著。但实事求是分析，一些地方和部门在落实主体责任方面还存在一些差距和问题。对此，习近平总书记严肃指出，各级各部门党委（党组）

---

① 习近平：《在第十八届中央纪律检查委员会第六次全体会议上的讲话》，人民出版社 2016 年版，第 17 页。

② 习近平：《在党的群众路线教育实践活动总结大会上的讲话》，人民出版社 2014 年版，第 15 页。

必须把抓好党建作为最大的政绩，并强调"落实主体责任，关键是要把党的领导落到实处"①。

落实主体责任首先要明确主体责任是什么。习近平总书记指出："党委的主体责任是什么？主要是加强领导，选好用好干部，防止出现选人用人上的不正之风和腐败问题；坚决纠正损害群众利益的行为；强化对权力运行的制约和监督，从源头上防治腐败；领导和支持执纪执法机关查处违纪违法问题；党委主要负责同志要管好班子，带好队伍，管好自己，当好廉洁从政的表率。"②党委（党组）书记作为第一责任人，对重要工作要亲自部署，对重大问题要亲自过问，对重要环节要亲自协调，对重要案件要亲自督办。

落实主体责任要强化责任追究。习近平总书记指出："有权就有责，权责要对等。无论是党委还是纪委或其他相关职能部门，都要对承担的党风廉政建设责任进行签字背书，做到守土有责。出了问题，就要追究责任。"③针对有些主体责任落实不到位的情况，习近平总书记强调，要建立健全落实责任的制度，完善和规范责任追究工作，抓住典型严肃追究，既追究主体责任、监督责任，又上查一级追究领导责任、党组织责任，以问责常态化促进履职到位。

全面从严治党能不能取得实实在在的成效，关键就在于主体责任

---

① 习近平：《在第十八届中央纪律检查委员会第六次全体会议上的讲话》，人民出版社2016年版，第17页。

② 中共中央文献研究室：《习近平关于全面从严治党论述摘编》，中央文献出版社2016年版，第221—222页。

③ 中共中央文献研究室：《习近平关于全面从严治党论述摘编》，中央文献出版社2016年版，第222页。

能不能履行好。各级党委（党组）要站在党要管党、全面从严治党的高度，深刻认识落实主体责任的极端重要性，高度重视，勇于担当，切实履好职、尽好责。

025 自我革命

　　党的自我革命，是指中国共产党坚守自身性质宗旨和初心使命，在自我警醒、自我否定、自我反思、自我超越中实现自我净化、自我完善、自我革新、自我提高。习近平总书记指出："勇于自我革命，从严管党治党，是我们党最鲜明的品格。"①

　　无私才能无畏。中国共产党之所以有自我革命的勇气，是因为我们党除了国家、民族、人民的利益，没有任何自己的特殊利益。2021年11月，习近平总书记在党的十九届六中全会上强调："我们党历史这么长、规模这么大、执政这么久，如何跳出治乱兴衰的历史周期率？毛泽东同志在延安的窑洞里给出了第一个答案，这就是'只有让人民来监督政府，政府才不敢松懈'。经过百年奋斗特别是党的十八大以来新的实践，我们党又给出了第二个答案，这就是自我革命。"②2022年10月，党的二十大报告强调："全党必须牢记，全面从严治党永远在路上，党的自我革命永远在路上，决不能有松劲歇脚、疲劳厌战的情绪，必须持之以恒推进全面从严治党，深入推进新时代党的建设新的伟大工

---

　　① 《习近平谈治国理政》第三卷，外文出版社2020年版，第20页。
　　② 《习近平谈治国理政》第四卷，外文出版社2022年版，第541页。

程，以党的自我革命引领社会革命。"①党的二十大还将"以伟大自我革命引领伟大社会革命"②写入党章，纳入新时代党的建设总体布局。这既展现出党对新时代历史方位和党的中心任务的准确把握，也表达了中国共产党人勇于自我革命的高度自信自觉。

深入推进新时代党的自我革命，要做到"四个统一"。第一，坚持加强党的集中统一领导和解决党内问题相统一，统筹抓好思想建党和制度治党，统筹抓好使命引领和问题导向，统筹抓好"关键少数"和"绝大多数"，统筹抓好团结统一和敢于斗争，统筹抓好党内监督和群众监督。第二，坚持守正和创新相统一，既坚定共产党人的理想信念不动摇，始终不渝守住方向、守住立场、守住根脉、守住底线，又开拓创新，以能够落地见效的新理念、新思路、新办法、新手段，切实解决党自身存在的突出问题。第三，坚持严管和厚爱相统一，既要求党员干部严格按照党的原则、政策、规矩办事，又对党员干部政治上激励、工作上支持、生活上保障、心理上关怀，最大限度激发党员干部的积极性、主动性和创造性。第四，坚持组织推动和个人主动相统一，既充分发挥各级党组织的核心领导作用，对党员干部严格要求、严格教育、严格管理、严格监督，又充分启发党员干部主动检视自我，保持共产党员政治本色，确保组织推动和个人主动同步展开、同向发力、同频增效。

目标越接近，责任越重大。面对前进道路上的各种艰难险阻，在新时代把党的自我革命推向深入，要更加自觉地坚定党性原则，勇于直面问题，敢于刮骨疗毒，"坚决清除一切损害党的先进性和纯洁性的因素，

①《习近平著作选读》第一卷，人民出版社 2023 年版，第 52 页。
②《中国共产党章程》，人民出版社 2022 年版，第 10 页。

清除一切侵蚀党的健康肌体的病毒，确保党不变质、不变色、不变味，确保党在新时代坚持和发展中国特色社会主义的历史进程中始终成为坚强领导核心"①。

---

① 《习近平谈治国理政》第四卷，外文出版社 2022 年版，第 13—14 页。

026 社会主义本质

党的十四大报告指出："从《共产党宣言》发表以来一百几十年间，俄国十月革命、中国革命和其他一些国家革命的胜利，证明无产阶级领导人民夺取政权是能够成功的。至于如何建设社会主义，也取得了巨大成就和宝贵经验，但是总的来说还需要很好的探索。"[①]而这一系列探索的前提，就是要回答"什么是社会主义，怎样建设社会主义"这个首要的基本理论问题。

在我们党的历史上，从理论上首先成功回答这个问题的是邓小平。在探索建设有中国特色的社会主义道路的过程中，通过一系列理论思考并结合自身的革命实践，邓小平提出了一些对社会主义本质的看法。1980 年 4 月，邓小平站在解放思想的高度，抛出了"什么是社会主义"这个理论问题。他认为："不解放思想不行，甚至于包括什么叫社会主义这个问题也要解放思想。"[②]在之后的一段时间内，邓小平没有给出"什么是社会主义"这个问题的正面回答，但他指出了社会主义不是什么，包括：贫穷不是社会主义，发展太慢也不是社会主义；平均主义不

---

① 中共中央文献研究室:《十四大以来重要文献选编》(上)，中央文献出版社 2011 年版，第 8 页。

② 《邓小平文选》第二卷，人民出版社 1994 年版，第 312 页。

是社会主义，两极分化也不是社会主义；没有民主不是社会主义，没有法制也不是社会主义；封闭僵化不能发展社会主义，照搬国外也不能发展社会主义；不重视物质文明搞不好社会主义，不重视精神文明也搞不好社会主义。这一次又一次的否定，实际上是邓小平对社会主义本质问题的一次又一次深入思考。

经过长期系统的深入思考，邓小平在 1992 年的南方谈话中给出了这个问题的答案："社会主义的本质，是解放生产力，发展生产力，消灭剥削，消除两极分化，最终达到共同富裕。"①这一科学论断，在党的十四大上为全党同志所接受，并写入了十四大党章和十五大党章的总纲部分。

这一科学概括具有三个显著特征。一是突出了生产力的基础地位。"解放生产力，发展生产力"，其根本目的就是要遵循人类社会发展的基本规律，破除生产关系对生产力的桎梏，为生产力的发展开辟道路。人类社会发展的基本规律是生产力决定生产关系、生产关系反作用于生产力，经济基础决定上层建筑，上层建筑反作用于经济基础。在这一规律的作用下，资本主义必然灭亡、社会主义必然胜利。而社会主义社会的优越性，也要体现在其生产力比资本主义社会的生产力发展得更快、更高，并且能够在发展生产力的基础上不断改善人民的物质文化生活。由此出发，十四大党章强调："我国社会主义建设的根本任务，是进一步解放生产力，发展生产力，逐步实现社会主义现代化，并且为此而改革

①《邓小平文选》第三卷，人民出版社 1993 年版，第 373 页。

生产关系和上层建筑中不适应生产力发展的方面和环节。"①

二是突出了社会主义的价值目标。"消灭剥削，消除两极分化，最终达到共同富裕"，是社会主义与资本主义的本质区别，也是社会主义的价值目标。邓小平强调："社会主义不是少数人富起来、大多数人穷，不是那个样子。社会主义最大的优越性就是共同富裕，这是体现社会主义本质的一个东西。"②在他看来，在建设有中国特色的社会主义的过程中，如果我们的政策导致两极分化，那我们就失败了，而如果产生了什么新的资产阶级，那就更是走上了邪路。

三是在动态中描述社会主义的本质。社会主义的本质，既是社会主义的内在规定性，也是一个逐步实现的过程。1986 年 9 月，邓小平在接受美国记者迈克·华莱士电视采访时指出："我们允许一部分人先好起来，一部分地区先好起来，目的是更快地实现共同富裕。"③1988 年 5 月，他在会见捷克斯洛伐克共产党中央总书记雅克什时又指出："坚持社会主义的发展方向，就要肯定社会主义的根本任务是发展生产力，逐步摆脱贫穷，使国家富强起来，使人民生活得到改善。"④即是说，无论是解放和发展生产力，还是消灭剥削、消除两极分化、最终达到共同富裕，都不是一蹴而就的事情，而是要在坚持和发展中国特色社会主义的过程中逐步实现。

---

① 本书编委会：《中国共产党历次党章汇编（1921—2022）》，中国方正出版社 2023 年版，第 373 页。
② 《邓小平文选》第三卷，人民出版社 1993 年版，第 364 页。
③ 《邓小平文选》第三卷，人民出版社 1993 年版，第 172 页。
④ 《邓小平文选》第三卷，人民出版社 1993 年版，第 264—265 页。

027 社会主义初级阶段

1959 年底 1960 年初，毛泽东在《读苏联〈政治经济学教科书〉的谈话》中提出，社会主义可能分为两个阶段，第一个阶段是不发达的社会主义，第二个阶段是比较发达的社会主义，后一阶段可能比前一阶段需要更长的时间。这是毛泽东在探索中国社会主义建设道路过程中得出的一个重要论断，为中国共产党人继续认识社会主义发展阶段问题提供了重要的前提条件。

党的十一届三中全会之后，邓小平等中央领导同志对中国的基本国情问题十分关注，他们指出要在中国实现四个现代化必须看到我国底子薄和人口多、耕地少这两个特点。在 1979 年召开的中央理论工作务虚会上，有部分理论工作者开始讨论关于社会主义社会的发展阶段问题。随着全党认识的提高，叶剑英在庆祝中华人民共和国成立三十周年大会上的讲话中，初次提出了我国"社会主义制度还处在幼年时期"[1]的思想，并指出在我国实现现代化，必然要有一个由初级到高级的过程。

在对"什么是社会主义、怎样建设社会主义"这个问题的探索中，邓小平开始进一步思考社会主义的发展阶段问题。1981 年 6 月，邓小平

---

[1] 中共中央文献研究室:《三中全会以来重要文献选编》(上)，中央文献出版社 2011 年版，第 192 页。

主持起草的中共中央《关于建国以来党的若干历史问题的决议》中，正式提出了"我们的社会主义制度还是处于初级的阶段"①，并强调我国的社会主义由比较不完善到比较完善，必然要经历一个长久的过程。这就首次指出中国处于社会主义的初级阶段，在探索社会主义发展阶段问题上迈出了重要一步。

1986 年 9 月，党的十二届六中全会通过的《中共中央关于社会主义精神文明建设指导方针的决议》中明确指出："我国还处在社会主义的初级阶段"②。此后，"社会主义初级阶段"这个概念被广泛使用。在筹备党的十三大期间，邓小平以及党的其他领导人多次强调社会主义初级阶段的重要性，并从不同角度对"初级阶段"的理论进行了论述。特别是 1987 年 8 月 29 日，邓小平在会见意大利共产党领导人约蒂和赞盖里时，精辟地揭示了"初级阶段"的含义。他说："社会主义本身是共产主义的初级阶段，而我们中国又处在社会主义的初级阶段，就是不发达的阶段。"③并强调，一切都要从这个实际出发，根据这个实际来制订规划。

两个月后，党的十三大在北京召开，会议系统地阐述了关于社会主义初级阶段的理论并确立了党在社会主义初级阶段的基本路线。党的十三大报告指出，正确认识我国社会现在所处的历史阶段，是建设有中国特色的社会主义的首要问题，是我们制定和执行正确的路线和政策的

---

① 中共中央文献研究室：《三中全会以来重要文献选编》（下），中央文献出版社 2011 年版，第 166—167 页。

② 中共中央文献研究室：《十二大以来重要文献选编》（下），中央文献出版社 2011 年版，第 127 页。

③《邓小平文选》第三卷，人民出版社 1993 年版，第 252 页。

根本依据。"我国正处在社会主义的初级阶段。这个论断，包括两层含义。第一，我国社会已经是社会主义社会。我们必须坚持而不能离开社会主义。第二，我国的社会主义社会还处在初级阶段。我们必须从这个实际出发，而不能超越这个阶段。"^① 至此，"社会主义初级阶段"的论断得以完整正式地形成。党的十四大将这一重要认识首次写入党章，指出："我国正处于社会主义初级阶段。这是在经济文化落后的中国建设社会主义现代化不可逾越的历史阶段，需要上百年的时间。"^② 从党的十六大开始，党章更进一步地强调"我国正处于并将长期处于社会主义初级阶段"^③。

---

① 中共中央文献研究室：《十三大以来重要文献选编》（上），中央文献出版社 2011 年版，第 8—9 页。

② 本书编委会：《中国共产党历次党章汇编（1921—2022）》，中国方正出版社 2023 年版，第 373 页。

③ 本书编委会：《中国共产党历次党章汇编（1921—2022）》，中国方正出版社 2023 年版，第 442 页。

028 "三个有利于"标准

改革开放以后，我国引进外资、设立经济特区、引入市场竞争机制，引起了党内和社会上一些人对改革开放姓"资"还是姓"社"的无端担心和怀疑。出现这种现象的一个重要原因，是受"左"的思想的影响。邓小平认为，在改革开放过程中，必须坚定不移地走社会主义道路，反对走资本主义道路，在这个问题上，是决不能有丝毫含糊的。但在一些不涉及政治方向、发展道路、基本制度的具体方法、手段以及资金、技术等问题上，却可以积极、大胆地采用、引进，不必拘泥于姓"资"姓"社"的争论。1980 年 8 月，他在回答意大利记者奥琳埃娜·法拉奇提问时说："有些东西并不能说是资本主义的。比如说，技术问题是科学，生产管理是科学，在任何社会，对任何国家都是有用的。我们学习先进的技术、先进的科学、先进的管理来为社会主义服务，而这些东西本身并没有阶级性。"①

怎样走出抽象争论姓"资"姓"社"的误区？邓小平的做法是让实践和事实来说话。党的十一届三中全会以后，他一再强调要大力发展生产力和改善人民生活。早在 1980 年 5 月 5 日，邓小平会见几内亚总统艾哈迈德·赛古·杜尔时就曾指出，社会主义是一个很好的名词，社

---

① 《邓小平文选》第二卷，人民出版社 1994 年版，第 351 页。

会主义道路是正确的，但是各个国家应该根据自己的特点来实行社会主义的政策。"社会主义经济政策对不对，归根到底要看生产力是否发展，人民收入是否增加。这是压倒一切的标准。空讲社会主义不行，人民不相信。"①

在邓小平的领导和支持下，改革在思想僵化、体制固化的重围中不断实现新突破。1992 年年初，邓小平在视察南方时，面对世界社会主义发展处于低谷，党内和国内不少人在改革开放问题上迈不开步子、不敢闯，以及理论界对改革开放性质的争论等情况，进一步指出要害是姓"资"还是姓"社"的问题，并提出了判断各项工作是非得失的"三个有利于"标准："判断的标准，应该主要看是否有利于发展社会主义社会的生产力，是否有利于增强社会主义国家的综合国力，是否有利于提高人民的生活水平。"②这就从生产力、生产关系、经济基础、上层建筑的综合高度，言简意赅地指出了改革开放永远都不能背离的基本要素、基本原则。在当年 10 月召开的党的十四大上，"三个有利于"标准被写入党章，强调"各项工作都要把有利于发展社会主义社会的生产力，有利于增强社会主义国家的综合国力，有利于提高人民的生活水平，作为总的出发点和检验标准"③。此后历次党章，都沿用了这一说法。

"三个有利于"标准是一个有机结合的统一整体，发展生产力、增强综合国力、提高人民生活水平，三者相互联系、相互贯通，从不同方

---

① 《邓小平文选》第二卷，人民出版社 1994 年版，第 314 页。

② 《邓小平文选》第三卷，人民出版社 1993 年版，第 372 页。

③ 本书编委会：《中国共产党历次党章汇编（1921—2022）》，中国方正出版社 2023 年版，第 373 页。

面成为衡量社会发展状态和各项工作成败是非的客观标准。从历史唯物主义的角度来看，在这个统一体中，生产力标准起着基础性的决定作用。邓小平认为，社会主义首先要发展生产力。他指出，"贫穷不是社会主义，社会主义要消灭贫穷。不发展生产力，不提高人民的生活水平，不能说是符合社会主义要求的。"[①]一个真正的马克思主义政党在执政以后，一定要致力于发展生产力。只有生产力得到了解放和发展，国家的综合国力才能越来越强大，人民生活的提高和改善才能拥有坚实的物质基础。

[①]《邓小平文选》第三卷，人民出版社 1993 年版，第 116 页。

029　社会主要矛盾

　　人类社会总是在矛盾运动中发展进步的，而在一定社会的各种矛盾之中，居于支配地位、起着规定或影响其他矛盾的矛盾就成为社会主要矛盾。紧紧抓住并着力解决社会主要矛盾，这是中国共产党在长期革命、建设和改革中形成的基本经验。正是通过对社会主要矛盾的揭示、分析和把握，党才科学制定了在各个时期的纲领和路线、方针、政策。

　　1840 年鸦片战争以后，中国由封建社会开始沦为半殖民地半封建社会，封建统治者和人民大众的矛盾、帝国主义和中华民族的矛盾成为社会主要矛盾。其中，帝国主义同中华民族的矛盾又是各个社会矛盾中的最主要矛盾。为此，在新民主主义革命时期，为了求得民族独立、人民解放和国家富强、人民富裕，党从中国国情出发，确立了"农村包围城市、武装夺取政权"的革命道路，制定了反帝反封建的新民主主义革命纲领。

　　新中国成立后，经过大规模的社会主义改造，社会主义基本制度在我国得以建立。社会主义基本制度建立之后，我国社会主要矛盾是什么？1956 年召开的党的八大作出了回答，指出："我们国内的主要矛盾，已经是人民对于建立先进的工业国的要求同落后的农业国的现实之间的矛盾，已经是人民对于经济文化迅速发展的需要同当前经济文化不能满足人民需要的状况之间的矛盾。"①作出这一判断的主要依据，是当时我国社会生产力落后的现实。正是基于这样的认识，党的八大提出，我们的主要任务是集中力量发展社会生产力。

但其后不久，随着 1957 年反右派斗争扩大化的错误，党对社会主要矛盾的认识出现了偏差，阶级斗争被当作社会主要矛盾。这不但背离了党的八大对我国社会主要矛盾的正确判断，而且滋生出一条"以阶级斗争为纲"的政治路线，最终酿成了"文化大革命"这一全局性的、长时间的"左"倾严重错误。

党的十一届三中全会实现了党的指导思想的拨乱反正，否定了"以阶级斗争为纲"的错误路线，决定把党和国家的工作重点转移到社会主义现代化建设上来。1979 年初，邓小平在中共中央召开的理论务虚会上指出："我们的生产力发展水平很低，远远不能满足人民和国家的需要，这就是我们目前时期的主要矛盾，解决这个主要矛盾就是我们的中心任务。"②在正确思想路线的指导下，1981 年 6 月召开的党的十一届六中全会通过了《关于建国以来党的若干历史问题的决议》，首次提出我国的社会主义制度还处在初级的阶段，并将这一阶段的社会主要矛盾界定为"人民日益增长的物质文化需要同落后的社会生产之间的矛盾"③。

1982 年 9 月，党的十二大确认了《决议》的提法，并将其写入了党章总纲，强调"在剥削阶级作为阶级消灭以后，我国社会存在的矛盾

① 中共中央文献研究室：《建国以来重要文献选编》第 9 册，中央文献出版社 2011 年版，第 293 页。
② 《邓小平文选》第二卷，人民出版社 1994 年版，第 182 页。
③ 中共中央文献研究室：《三中全会以来重要文献选编》（下），中央文献出版社 2011 年版，第 168 页。

大多数不具有阶级斗争的性质，阶级斗争已经不是主要矛盾。……我国社会的主要矛盾是人民日益增长的物质文化需要同落后的社会生产之间的矛盾"①。此后，党一再重申这一社会主要矛盾并据此制定相应的大政方针。

随着中国特色社会主义进入新时代，我国社会主要矛盾也发生了转化。党的十九大报告指出："中国特色社会主义进入新时代，我国社会主要矛盾已经转化为人民日益增长的美好生活需要和不平衡不充分的发展之间的矛盾。"② 十九大党章对此作了确认，并强调："我国社会主义建设的根本任务，是进一步解放生产力，发展生产力，逐步实现社会主义现代化，并且为此而改革生产关系和上层建筑中不适应生产力发展的方面和环节。"③ 这个重大政治论断，是党对当今中国社会发展阶段性特征新的科学判断，在二十大党章中得以沿用。

之所以发生这样的转化，从实践上看，一方面，是因为经过全面深化改革和扩大对外开放，我国生产力水平总体上显著提高，"落后的社会生产"的表述已经与我国当前的发展实际不相符合；另一方面，是因为随着经济社会持续快速发展，人民生活水平显著提高，人民生活需要日益丰富，更趋多样化多方面多层次，对美好生活的向往更加强烈。从"物质文化需要"到"美好生活需要"，从"落后的社会生产"问题到"不平衡不充分发展"问题，反映了我国发展的阶段性要求，也反映了

① 本书编委会：《中国共产党历次党章汇编（1921—2022）》，中国方正出版社 2023 年版，第 327 页。
②《习近平谈治国理政》第三卷，外文出版社 2020 年版，第 9 页。
③ 本书编委会：《中国共产党历次党章汇编（1921—2022）》，中国方正出版社 2023 年版，第 593 页。

党和国家事业发展的新特点。

党的十九大报告在论述社会主要矛盾转化的同时，还强调我国社会主要矛盾的变化，没有改变我们对我国社会主义所处历史阶段的判断，我国仍处于并将长期处于社会主义初级阶段的基本国情没有变，我国是世界最大发展中国家的国际地位没有变。对此，我们也要有足够的战略清醒和战略定力。

030 "两个一百年"奋斗目标

在不同历史时期，我们党总是紧跟时代步伐、把握现实要求，根据人民意愿和事业发展需要，提出富有感召力的行动纲领和奋斗目标，团结带领人民为之不懈奋斗。同样，全面建设社会主义现代化国家和实现中华民族伟大复兴，没有捷径可走，也不可能一蹴而就。只有把远大理想转化为一项又一项具体可行的目标任务，分步实施、分阶段完成，才能在不断取得新成就的基础上，沿着正确的道路抵达胜利的彼岸。

改革开放之后，我们党对我国社会主义现代化建设作出战略安排，提出"三步走"战略目标：第一步，到 1990 年实现国民生产总值比 1980 年翻一番，解决人民的温饱问题；第二步，到 20 世纪末，使国民生产总值再增长一倍，人民生活达到小康水平；第三步，到 21 世纪中叶，人均国民生产总值达到中等发达国家水平，人民生活比较富裕，基本实现现代化。从此，作为我国社会主义现代化建设的阶段性目标，"小康"就成为当代中国共产党人的不懈追求。

在党的十六大正式确立全面建设小康社会奋斗目标的基础上，2012 年 11 月，党的十八大根据国内外形势的新变化，顺应各族人民过上更好生活的新期待，把握经济社会发展的趋势和规律，郑重提出了"两个一百年"奋斗目标，即在中国共产党成立一百年时全面建成小康社会，在新中国成立一百年时建成富强民主文明和谐的社会主义现代化国家，并提出要"全面把握机遇，沉着应对挑战，赢得主动，赢得优势，赢得未来，确保到二〇二〇年实现全面建成小康社会宏伟目标"①。大会将这一奋斗目标写入了党章，提出"到建党一百年时，建成惠及十几亿人口的更高水平的小康社会；到建国一百年时，人均国内生产总值达到中等发达国家水平，基本实现现代化"②。习近平总书记明确指出："实现这个目标是实现中华民族伟大复兴中国梦的关键一步。"③只有在全面建成小康社会基础上，才能建成社会主义现代化强国，才能为实现中国梦这个更加崇高的伟大梦想夯实根基、积蓄力量。

2017年10月，党的十九大综合分析国际国内形势和我国发展条件，提出"决胜全面建成小康社会，夺取新时代中国特色社会主义伟大胜利"，并将2020年到本世纪中叶的这30年时间分为两个阶段，作出了新时代中国特色社会主义发展的战略安排：第一个阶段，从2020年到2035年，在全面建成小康社会的基础上，再奋斗15年，基本实现社会主义现代化；第二个阶段，从2035年到本世纪中叶，在基本实现现代化的基础上，再奋斗15年，把我国建成富强民主文明和谐美丽的社会主义现代化强国。这不仅使实现"两个一百年"奋斗目标的路线图、时间表更加清晰，而且意味着原定的我国基本实现现代化的目标将提前15年完成，第二个百年奋斗目标则充实提升为把我国建成富强民主文

① 中共中央文献研究室：《十八大以来重要文献选编》（上），中央文献出版社2014年版，第13页。
② 本书编委会：《中国共产党历次党章汇编（1921—2022）》，中国方正出版社2023年版，第541页。
③ 《习近平谈治国理政》第一卷，外文出版社2018年版，第314页。

明和谐美丽的社会主义现代化强国。党的十九大还首次在党章中使用了"两个一百年"的提法，号召全党同志高举中国特色社会主义伟大旗帜，"为实现推进现代化建设、完成祖国统一、维护世界和平与促进共同发展这三大历史任务，实现'两个一百年'奋斗目标、实现中华民族伟大复兴的中国梦而奋斗"①。

第一个百年奋斗目标实现之日，就是第二个百年奋斗目标开始之时。2021年7月1日，习近平总书记在庆祝中国共产党成立100周年大会上庄严宣告：我们在中华大地上全面建成了小康社会，实现了第一个百年奋斗目标，正在向着全面建成社会主义现代化强国的第二个百年奋斗目标迈进。有鉴于此，2022年10月，二十大党章将十九大党章中的"实现'两个一百年'奋斗目标"调整成了"实现第二个百年奋斗目标"。

"两个一百年"奋斗目标既与时俱进、鼓舞人心，又立足现实、切实可行，为中华儿女团结奋进、开辟未来树起了一面新的光辉旗帜。向着伟大的梦想进军，既不能旁观等待，更不容消极懈怠。只有以时不我待、只争朝夕的精神投入时代洪流，敬终如始，不懈奋斗，"撸起袖子加油干"，才能完成既定的目标，实现美好的梦想。

① 本书编委会：《中国共产党历次党章汇编（1921—2022）》，中国方正出版社2023年版，第592页。

031　中国梦

　　2012 年 11 月 29 日，在参观《复兴之路》展览时，习近平总书记指出："实现中华民族伟大复兴，就是中华民族近代以来最伟大的梦想。"①这一关于中国梦的重要论述，揭示了中华民族的历史命运，指明了当代中国的发展走向，升华了我们党的治国方略，为坚持和发展中国特色社会主义注入了新的内涵。

　　中国梦贯通历史，凝聚了几代中国人的夙愿。中华民族拥有 5000 多年的历史，为人类文明作出过不可磨灭的贡献。近代以来，由于闭关锁国，落后于时代，我们这个古老的民族历经磨难，受尽屈辱，一度面临亡国灭种的危险，每个中国人想起那段历史都会感到心痛。由此，从鸦片战争以后，中国人就有了一股民族复兴的心结和劲头，而且前赴后继、不怕牺牲地为之奋斗。中国共产党一经成立，就义无反顾肩负起实现中华民族伟大复兴的历史使命，进行革命、建设、改革，归根到底都是为了实现这个目标。提出实现中国梦，体现了以习近平同志为核心的党中央继往开来的责任担当。

　　中国梦是国家梦、民族梦与人民梦的有机统一，归根到底是人民的梦。习近平总书记指出："中国梦的本质是国家富强、民族振兴、人民

　　①《习近平谈治国理政》第一卷，外文出版社 2018 年版，第 36 页。

幸福。"① 这三者相互联系、相辅相成。其中，国家富强、民族振兴是前提，人民幸福是落脚点。对于每个中国人来说，心中都有一个梦，都有追求幸福生活、享受幸福生活的权利。习近平总书记强调："中国梦归根到底是人民的梦""是每个中国人的梦"②。实现中国梦，就是实现每一个中国人的梦，就是要让每一个中国人都过上幸福美好的生活。

中国梦是中华民族发愤图强的复兴之梦，也是与世界人民携手并进的共赢之梦。梦想是人类的共同追求，世界各国的人都有自己的梦想。习近平总书记指出，中国梦是和平、发展、合作、共赢的梦，与世界各国人民的美好梦想是相通的。中国梦给世界带来的是机遇而不是威胁，中国好，世界会更好；世界好，中国同样会更好。中国梦，把我国人民根本利益与世界各国人民共同利益结合起来，把发展自己与促进人类文明崇高事业统一起来，必将促进人类文明进步与世界和平发展，为人类文明不断作出新的更大贡献。

如何实现中华民族伟大复兴的中国梦？2013 年 3 月，习近平总书记在十二届全国人大一次会议上指出，实现中国梦必须走中国道路，必须弘扬中国精神，必须凝聚中国力量。中国道路，是实现中国梦的政治前提。改革开放以来，我们坚持走中国特色社会主义道路，使我国综合国力大幅提升，人民生活明显改善，国际地位和影响力显著提高，充分证明这条路方向正确，必须坚定不移地继续走下去。中国精神，是实现中国梦的思想基础和精神支撑。中华民族以民族精神为纽带，始终坚强地团结在一起，使中华文明得以生生不息、发扬光大。中华民族以时代

---

① 《习近平谈治国理政》第一卷，外文出版社 2018 年版，第 56 页。
② 《习近平谈治国理政》第一卷，外文出版社 2018 年版，第 40 页。

精神为依托，不断解放思想、兴利除弊，使中华民族得以实现新的历史性飞跃。大力弘扬以爱国主义为核心的民族精神和以改革创新为核心的时代精神，必将为实现中国梦提供强大精神动力。中国力量，是实现中国梦的力量源泉。只有真诚倾听群众呼声，积极回应人民期待，解决好人民群众最关心、最直接、最现实的利益问题，才能调动亿万人民群众的积极性、主动性、创造性，同心共筑中国梦。

今日之中国，已经展现出民族复兴前所未有的光明前景。2017 年 10 月，习近平总书记在党的十九大报告中指出："今天，我们比历史上任何时期都更接近、更有信心和能力实现中华民族伟大复兴的目标。"[1]十九大党章强调，全党同志要"为实现推进现代化建设、完成祖国统一、维护世界和平与促进共同发展这三大历史任务，实现'两个一百年'奋斗目标、实现中华民族伟大复兴的中国梦而奋斗"[2]。伴随着第一个百年奋斗目标的实现和第二个百年奋斗目标的开启，2022 年 10 月，二十大党章将这一奋斗目标调整为"为实现推进现代化建设、完成祖国统一、维护世界和平与促进共同发展这三大历史任务，实现第二个百年奋斗目标、实现中华民族伟大复兴的中国梦而奋斗"[3]。

---

[1] 《习近平谈治国理政》第三卷，外文出版社 2020 年版，第 12 页。

[2] 本书编委会：《中国共产党历次党章汇编（1921—2022）》，中国方正出版社 2023 年版，第 592 页。

[3] 《中国共产党章程》，人民出版社 2022 年版，第 4 页。

032 中国特色社会主义道路

　　新中国成立后，党就领导人民开始了建设社会主义现代化国家的探索，在这一过程中，既取得了成功的经验，也收获了不少的教训。"文化大革命"结束后，中国面临何去何从的艰难抉择。1978 年召开的党的十一届三中全会实现了新中国成立以来具有重大历史意义的伟大转折，党和国家的工作重心开始转向经济建设。但在实践中怎样才能突出经济建设这个中心，怎样才能搞好改革开放，路径问题仍然有待解决。在领导改革开放和社会主义现代化建设的实践中，邓小平反复强调，一定要根据我国的具体情况，从实际出发确定发展国民经济、实现现代化的具体道路。

　　1982 年 9 月，在党的十二大开幕词中，邓小平深刻总结我国革命和建设正反两方面历史经验，首次明确提出"走自己的道路、建设有中国特色的社会主义"的科学命题。他指出："我们的现代化建设，必须从中国的实际出发。无论是革命还是建设，都要注意学习和借鉴外国经验。但是，照抄照搬别国经验、别国模式，从来不能得到成功。这方面我们有过不少教训。把马克思主义的普遍真理同我国的具体实际结合起来，走自己的道路，建设有中国特色的社会主义，这就是我们总结长期历史经验得出的基本结论。"①方向决定前途，道路决定命运。走自己的路，建设有中国特色的社会主义，极大地调动了亿万人民的积极性，极大地焕发了社会主义的生机活力，使中国以世界上少有的速度持续快速发展起来。

2007年10月，党的十七大深刻总结我国改革开放的历史进程和宝贵经验，认为改革开放以来我们取得一切成绩和进步的根本原因，就是始终高举中国特色社会主义伟大旗帜，开辟了中国特色社会主义道路，形成了中国特色社会主义理论体系。大会报告不但鲜明地提出了"中国特色社会主义道路"的概念，而且首次对这一概念的内涵作了界定："中国特色社会主义道路，就是在中国共产党领导下，立足基本国情，以经济建设为中心，坚持四项基本原则，坚持改革开放，解放和发展社会生产力，巩固和完善社会主义制度，建设社会主义市场经济、社会主义民主政治、社会主义先进文化、社会主义和谐社会，建设富强民主文明和谐的社会主义现代化国家。"②大会将上述认识写入了修改的党章并强调："我国的社会主义建设，必须从我国的国情出发，走中国特色社会主义道路。"③其后，党的十八大、党的十九大对这条道路的内容进行了丰富和发展，增加了建设社会主义生态文明的要求和建设美丽中国的目标。

2022年10月，党的二十大报告在论述新时代新征程中国共产党的

① 《邓小平文选》第三卷，人民出版社1993年版，第2—3页。
② 中共中央文献研究室：《十七大以来重要文献选编》（上），中央文献出版社2009年版，第9页。
③ 本书编委会：《中国共产党历次党章汇编（1921—2022）》，中国方正出版社2023年版，第488页。

使命任务时，聚焦全面建设社会主义现代化国家，明确了前进道路上必须牢牢把握的五条重大原则，其中的第二条就是："坚持中国特色社会主义道路。坚持以经济建设为中心，坚持四项基本原则，坚持改革开放，坚持独立自主、自力更生，坚持道不变、志不改，既不走封闭僵化的老路，也不走改旗易帜的邪路，坚持把国家和民族发展放在自己力量的基点上，坚持把中国发展进步的命运牢牢掌握在自己手中。"①二十大党章也将"坚持中国道路"看作党和人民在长期实践中共同创造的精神财富，要求必须倍加珍惜、长期坚持，并在实践中不断丰富和发展。

　　一个国家的发展道路合不合适，只有这个国家的人民才最有发言权。中国特色社会主义道路既坚持了科学社会主义的基本原则，又根据我国实际和时代特征赋予其鲜明的中国特色。习近平总书记指出："中国共产党领导中国人民开辟的中国特色社会主义道路是正确的，必须长期坚持、永不动摇"②。在当代中国，坚持中国特色社会主义道路，就是真正坚持社会主义。

① 《习近平著作选读》第一卷，人民出版社 2023 年版，第 22 页。
② 习近平：《在庆祝中国共产党成立 95 周年大会上的讲话》，人民出版社 2016 年版，第 5 页。

033 中国特色社会主义理论体系

　　中国共产党自诞生之日起就鲜明地把马克思主义写在了自己的旗帜上，并坚持以科学的态度对待马克思主义。这个科学的态度，就是推进马克思主义中国化时代化。在马克思主义中国化时代化的过程中，继创立毛泽东思想之后，中国共产党人又在改革开放和社会主义现代化建设新时期形成了中国特色社会主义理论体系。

　　2007 年 10 月，党的十七大鲜明地提出了"中国特色社会主义理论体系"的概念，并且首次对这一概念的内涵作了界定："中国特色社会主义理论体系，就是包括邓小平理论、'三个代表'重要思想以及科学发展观等重大战略思想在内的科学理论体系。"① 大会报告强调："在当代中国，坚持中国特色社会主义理论体系，就是真正坚持马克思主义。"② 大会修改的党章指出，"全党同志要倍加珍惜、长期坚持和不断发展"中国特色社会主义理论体系。其后，党的十八大将"科学发展观等重大战略思想"精炼为"科学发展观"。

---

① 中共中央文献研究室:《十七大以来重要文献选编》（上），中央文献出版社 2009 年版，第 9 页。

② 中共中央文献研究室:《十七大以来重要文献选编》（上），中央文献出版社 2009 年版，第 9 页。

　　党的十八大以来，以习近平同志为主要代表的中国共产党人创立了习近平新时代中国特色社会主义思想，为中国特色社会主义理论体系增添了新的内容，成为中国特色社会主义理论体系的重要组成部分。党的十九大把习近平新时代中国特色社会主义思想确立为党的指导思想，并写进党章。二十大党章进一步强调："习近平新时代中国特色社会主义思想是对马克思列宁主义、毛泽东思想、邓小平理论、'三个代表'重要思想、科学发展观的继承和发展，是当代中国马克思主义、二十一世纪马克思主义，是中华文化和中国精神的时代精华，是党和人民实践经验和集体智慧的结晶，是中国特色社会主义理论体系的重要组成部分，是全党全国人民为实现中华民族伟大复兴而奋斗的行动指南，必须长期坚持并不断发展。"①

　　中国特色社会主义理论体系创造性地提出了一系列适应时代发展要求的新思想、新观点、新论断，丰富和发展了马克思主义对共产党执政规律、社会主义建设规律、人类社会发展规律的科学认识。这一理论体系在回答建设中国特色社会主义的思想路线、发展道路、发展阶段、发展战略、根本任务、发展动力、依靠力量、国际战略、领导力量和根本目的等问题上，形成了一系列独创性的重大理论观点，成为一个科学的理论体系。

　　中国特色社会主义理论体系是同马克思列宁主义、毛泽东思想既一脉相承又与时俱进的科学理论。马克思主义是不断发展着的理论，与时俱进是马克思主义最重要的理论品质。中国特色社会主义理论体系生动而具体地坚持和发展了马克思列宁主义、毛泽东思想，把科学社会主义

---

① 《中国共产党章程》，人民出版社 2022 年版，第 3 页。

基本原则的理论要求与中国社会发展的现实要求在理论上统一起来。这一理论体系与马克思列宁主义、毛泽东思想是继承和创新的关系，以新的思想观点继承、丰富和发展了马克思主义。

中国特色社会主义理论体系，是党最可宝贵的政治和精神财富，是全国各族人民团结奋斗的共同思想基础，是我们战胜一切风险和挑战的精神支柱。时间没有尽头，理论创新也不会停顿。坚持和发展中国特色社会主义理论体系，应坚持马克思列宁主义、毛泽东思想，丢了这一条就丧失了根本。同时，我们要以我国改革开放和现代化建设的实际问题、以我们正在做的事情为中心，着眼于马克思主义理论的运用，着眼于对实际问题的理论思考，着眼于新的实践和新的发展，不断丰富和发展中国特色社会主义理论体系。

034 中国特色社会主义制度

中国共产党是一个拥有高度自觉和坚定自信的马克思主义政党，从党的一大开始，我们党就把建立美好的共产主义制度作为最终奋斗目标写入自己的纲领。100 多年来，依靠高度的制度自觉和坚定的制度自信，我们党带领人民完成新民主主义革命，缔造了人民当家作主的新中国，实现了中国从几千年封建专制制度向人民民主制度的伟大跨越；进行了社会主义改造，确立了社会主义基本制度，为当代中国一切发展进步奠定了根本政治前提和制度基础；推进改革开放和社会主义现代化建设伟大历史进程，形成了一整套相互衔接、相互依存的中国特色社会主义制度体系，为中国特色社会主义事业注入了强大生机和活力。

2012 年 11 月，党的十八大报告正式提出了"中国特色社会主义制度"这一重要概念，并揭示了其内涵："中国特色社会主义制度，就是人民代表大会制度的根本政治制度，中国共产党领导的多党合作和政治协商制度、民族区域自治制度以及基层群众自治制度等基本政治制度，中国特色社会主义法律体系，公有制为主体、多种所有制经济共同发展的基本经济制度，以及建立在这些制度基础上的经济体制、政治体制、文化体制、社会体制等各项具体制度。"① 大会修改的党章进一步强调："改革开放以来我们取得一切成绩和进步的根本原因，归结起来就是：开辟了中国特色社会主义道路，形成了中国特色社会主义理论体系，确立了中国特色社会主义制度。"② 作出这一重大政治论断，揭示了中国特色社会主义制度与中国特色社会主义旗帜、道路、理论体系之间相辅相成、有机统一的紧密联系，为我们在新的历史条件下推进中国特色社会主义伟大事业指明了方向。

2017 年 10 月，十九大党章重申了这一论断，并将中国特色社会主义文化加入其中，指出："改革开放以来我们取得一切成绩和进步的根本原因，归结起来就是：开辟了中国特色社会主义道路，形成了中国特色社会主义理论体系，确立了中国特色社会主义制度，发展了中国特色社会主义文化。全党同志要倍加珍惜、长期坚持和不断发展党历经艰辛开创的这条道路、这个理论体系、这个制度、这个文化，高举中国特色社会主义伟大旗帜，坚定道路自信、理论自信、制度自信、文化自信"③。对此，二十大党章作了同样的强调。

制度优势是一个国家的最大优势，制度竞争是国家间最根本的竞争。2019 年 10 月，党的十九届四中全会审议通过的《中共中央关于坚持和完善中国特色社会主义制度、推进国家治理体系和治理能力现代化

① 中共中央文献研究室：《十八大以来重要文献选编》（上），中央文献出版社 2014 年版，第 10 页。

② 本书编委会：《中国共产党历次党章汇编（1921—2022）》，中国方正出版社 2023 年版，第 539—540 页。

③ 本书编委会：《中国共产党历次党章汇编（1921—2022）》，中国方正出版社 2023 年版，第 592 页。

若干重大问题的决定》，回答了在我国国家制度和国家治理体系上应该
"坚持和巩固什么、完善和发展什么"这个重大政治问题，并从 13 个方
面概括了我国国家制度和国家治理体系的显著优势。

　　应该看到，中国特色社会主义制度是特色鲜明、富有效率的，但还
不是尽善尽美、成熟定型的。中国特色社会主义事业不断发展，中国特
色社会主义制度也需要不断完善。习近平总书记强调："要靠通过不断
改革创新，使中国特色社会主义在解放和发展社会生产力、解放和增强
社会活力、促进人的全面发展上比资本主义制度更有效率，更能激发全
体人民的积极性、主动性、创造性，更能为社会发展提供有利条件，更
能在竞争中赢得比较优势，把中国特色社会主义制度的优越性充分体现
出来。"[1] 我们要以开放的态度，坚持中国特色社会主义制度的开放性，
坚持以实践基础上的理论创新推动制度创新，坚持和完善现有制度，从
实际出发，及时制定一些新的制度，构建系统完备、科学规范、运行有
效的制度体系，使各方面制度更加成熟更加定型。

---

[1]《习近平谈治国理政》第一卷，外文出版社 2018 年版，第 93 页。

035 中国特色社会主义事业总体布局

改革开放初期，以邓小平同志为主要代表的中国共产党人，针对社会主义建设实践中出现的新问题，在强调发展生产力、建设物质文明的同时，把精神文明建设视作社会主义的重要特征，提出了要坚持社会主义物质文明和精神文明"两手抓、两手都要硬"的战略思想。1986年，党的十二届六中全会通过的《关于社会主义精神文明建设指导方针的决议》首次使用了"总体布局"的概念，指出："我国社会主义现代化建设的总体布局是：以经济建设为中心，坚定不移地进行经济体制改革，坚定不移地进行政治体制改革，坚定不移地加强精神文明建设，并且使这几个方面互相配合，互相促进。"[1]

党的十三届四中全会以后，以江泽民同志为主要代表的中国共产党人，在推进改革开放和发展社会主义市场经济的伟大实践中，逐步确立了经济建设、政治建设、文化建设"三位一体"的社会主义现代化建设总体布局。1997年，党的十五大报告指出："建设有中国特色社会主义的经济、政治、文化的基本目标和基本政策，有机统一，不可分割，构

---

[1] 中共中央文献研究室：《十二大以来重要文献选编》（下），中央文献出版社2011年版，第121页。

成党在社会主义初级阶段的基本纲领。"① 2002年，党的十六大报告明确提出："发展社会主义市场经济、社会主义民主政治和社会主义先进文化，不断促进社会主义物质文明、政治文明和精神文明的协调发展"②。这是我们党第一次在全国代表大会的文件中明确对建设社会主义政治文明作出部署。物质文明、政治文明、精神文明与经济建设、政治建设、文化建设相呼应，"三位一体"的总体布局更加明晰。

党的十六大报告在阐述全面建设小康社会的宏伟目标时，把社会更加和谐作为目标之一明确提出。2005年2月，胡锦涛在省部级主要领导干部提高构建社会主义和谐社会能力专题研讨班上的讲话中指出："随着我国经济社会的不断发展，中国特色社会主义事业的总体布局，更加明确地由社会主义经济建设、政治建设、文化建设三位一体发展为经济建设、政治建设、文化建设、社会建设四位一体。"③ 2007年，党的十七大报告明确提出全面推进社会主义经济建设、政治建设、文化建设、社会建设"四位一体"的总体布局，并提出生态文明的概念。大会首次在党章中使用了"中国特色社会主义事业总体布局"的提法，强调"必须按照中国特色社会主义事业总体布局，全面推进经济建设、政治

① 中共中央文献研究室：《十五大以来重要文献选编》（上），中央文献出版社 2011 年版，第 17 页。
② 中共中央文献研究室：《十六大以来重要文献选编》（上），中央文献出版社 2011 年版，第 43 页。
③ 中共中央文献研究室：《十六大以来重要文献选编》（中），中央文献出版社 2011 年版，第 696 页。

建设、文化建设、社会建设"①。

2012 年，党的十八大报告正式提出，建设中国特色社会主义，总布局是"五位一体"，把生态文明建设提高到与经济建设、政治建设、文化建设、社会建设并列的高度，使生态文明建设的战略地位更加明确，使中国特色社会主义事业总体布局更加完善。大会相应地在修改的党章中强调："必须按照中国特色社会主义事业总体布局，全面推进经济建设、政治建设、文化建设、社会建设、生态文明建设。"② 2017 年，党的十九大报告和十九大党章再次强调中国特色社会主义事业总体布局是"五位一体"，战略布局是"四个全面"，指出"必须按照中国特色社会主义事业'五位一体'总体布局和'四个全面'战略布局，统筹推进经济建设、政治建设、文化建设、社会建设、生态文明建设，协调推进全面建成小康社会、全面深化改革、全面依法治国、全面从严治党"③。而在全面建成小康社会的第一个百年奋斗目标胜利完成后，2022 年，二十大党章将这段文字中的"全面建成小康社会"调整成了"全面建设社会主义现代化国家"。

---

① 本书编委会：《中国共产党历次党章汇编（1921—2022）》，中国方正出版社 2023 年版，第 488 页。

② 本书编委会：《中国共产党历次党章汇编（1921—2022）》，中国方正出版社 2023 年版，第 541 页。

③ 本书编委会：《中国共产党历次党章汇编（1921—2022）》，中国方正出版社 2023 年版，第 593—594 页。

036 "四个全面"战略布局

　　党的十八大以来，中华民族处于走向伟大复兴的关键时期，我国发展所处的重要战略机遇期没有改变，但与此同时，我国也面临着诸多矛盾叠加、风险隐患增多的严峻挑战，改革发展稳定任务之重前所未有，矛盾风险挑战之多前所未有，对党治国理政的考验之大前所未有。为全面解决生产力与生产关系、经济基础与上层建筑之间的突出矛盾，以习近平同志为核心的党中央深刻总结我们党治国理政经验，提出并形成了"四个全面"战略布局。

　　2012年11月，党的十八大确定了到2020年全面建成小康社会的目标任务和全面深化改革开放的目标任务，强调必须以更大的政治勇气和智慧，不失时机深化重要领域改革，坚决破除一切妨碍科学发展的思想观念和体制机制弊端，构建系统完备、科学规范、运行有效的制度体系，使各方面制度更加成熟更加定型。2014年10月，党的十八届四中全会作出了《中共中央关于全面推进依法治国若干重大问题的决定》，开启了全面推进依法治国、加快建设社会主义法治国家的历史进程。当月，习近平总书记在党的群众路线教育实践活动总结大会上强调，历史使命越光荣，奋斗目标越宏伟，执政环境越复杂，我们就越要增强忧患意识，越要从严治党，并提出了从严治党的具体要求。

2014 年 12 月，习近平总书记在江苏调研时强调，要"主动把握和积极适应经济发展新常态，协调推进全面建成小康社会、全面深化改革、全面推进依法治国、全面从严治党，推动改革开放和社会主义现代化建设迈上新台阶"①。这是第一次提出协调推进"四个全面"。2015 年 2 月，在省部级主要领导干部学习贯彻十八届四中全会精神全面推进依法治国专题研讨班开班式上，"四个全面"首次被定位为党的战略布局。2017 年 10 月，党的十九大报告明确"四个全面"是中国特色社会主义事业的战略布局，强调协调推进"四个全面"战略布局。相应地，十九大党章也提出："必须按照中国特色社会主义事业'五位一体'总体布局和'四个全面'战略布局，统筹推进经济建设、政治建设、文化建设、社会建设、生态文明建设，协调推进全面建成小康社会、全面深化改革、全面依法治国、全面从严治党。"②

战略上判断得准确，战略上谋划得科学，战略上赢得主动，党和人民事业就大有希望。习近平总书记强调："'四个全面'战略布局是从我国发展现实需要中得出来的，从人民群众的热切期待中得出来的，也是为推动解决我们面临的突出矛盾和问题提出来的。"③"四个全面"战略布局，总结我国发展实践，适应新的发展要求，抓住了当前党和国家事业发展的主要矛盾，指明了治国理政的关键环节、重点领域、主攻方

① 中共中央文献研究室：《十八大以来重要文献选编》（中），中央文献出版社 2016 年版，第 247 页。

② 本书编委会：《中国共产党历次党章汇编（1921—2022）》，中国方正出版社 2023 年版，第 594—595 页。

③ 中共中央文献研究室：《十八大以来重要文献选编》（中），中央文献出版社 2016 年版，第 249 页。

向，实现了党的治国理政的与时俱进，是新时代坚持和发展中国特色社会主义的智慧结晶和实践成果。在"四个全面"战略布局中，全面建成小康社会是居于引领地位的战略目标，也是实现中华民族伟大复兴中国梦的重要基础、关键一步；全面深化改革是决定实现"两个一百年"奋斗目标、实现中华民族伟大复兴的关键一招；全面依法治国是确保党和国家长治久安的重要基石；全面从严治党是锻造中国特色社会主义事业坚强领导核心的必然要求，是全面建成小康社会、实现中华民族伟大复兴中国梦的根本保证。

在指导当代中国实践、推动经济社会发展中，"四个全面"战略布局展现了巨大威力。2020年10月，在即将夺取全面建成小康社会伟大胜利之际，党的十九届五中全会强调："统筹推进经济建设、政治建设、文化建设、社会建设、生态文明建设的总体布局，协调推进全面建设社会主义现代化国家、全面深化改革、全面依法治国、全面从严治党的战略布局"①。这表明"四个全面"战略布局的内涵，正式由"全面建成小康社会、全面深化改革、全面依法治国、全面从严治党"发展为"全面建设社会主义现代化国家、全面深化改革、全面依法治国、全面从严治党"。2022年10月，在我国迈上全面建设社会主义现代化国家新征程、向第二个百年奋斗目标进军的关键时刻，党的二十大强调要以中国式现代化全面推进中华民族伟大复兴，大会修改的党章也相应地更新了对"四个全面"战略布局的表述。

---

① 《中共中央关于制定国民经济和社会发展第十四个五年规划和二〇三五年远景目标的建议》，人民出版社2020年版，第6页。

037　中国式现代化

中国共产党成立后，领导中国人民浴血斗争取得了新民主主义革命胜利，建立了中华人民共和国，为探索中国式现代化创造了根本政治前提。其后，我们通过社会主义改造开启了现代化建设的历程。1964年12月，根据毛泽东的提议，周恩来在政府工作报告中正式提出"四个现代化"的战略目标。他指出，我们今后发展国民经济的主要任务，"就是要在不太长的历史时期内，把我国建设成为一个具有现代农业、现代工业、现代国防和现代科学技术的社会主义强国，赶上和超过世界先进水平。"[①]从此，"四个现代化"正式确定为国家发展的总体战略目标，也成为激励全国各族人民共同奋斗的宏伟目标。

进入改革开放和社会主义现代化建设时期，从我国"底子薄"和"人口多，耕地少"的现实国情出发，邓小平强调："过去搞民主革命，要适合中国情况，走毛泽东同志开辟的农村包围城市的道路。现在搞建设，也要适合中国情况，走出一条中国式的现代化道路。"[②]1987年10月，党的十三大制定了"三步走"发展战略，提出要在21世纪中叶

---

① 中共中央文献研究室：《建国以来重要文献选编》第19册，中央文献出版社2011年版，第423页。

② 《邓小平文选》第二卷，人民出版社1994年版，第163页。

基本实现现代化。其后，中国共产党人持续探索和发展中国特色社会主义理论，在实践中进一步丰富发展了现代化建设的道路、战略和目标。进入新世纪，党的十六大又提出，到新中国成立 100 年时，基本实现现代化，把我国建成社会主义现代化国家。

党的十八大以来，在理论上，习近平总书记提出了关于中国式现代化的一系列新理念新思想新战略，创造性回答了建设什么样的社会主义现代化强国、怎样建设社会主义现代化强国等重大时代课题，这既是对中国共产党领导下百年现代化探索的总结，又为未来中国现代化事业和世界现代化发展提供了理论指导。在实践上，党的十八届三中全会提出"国家治理体系和治理能力现代化"的命题；党的十九大站在新的更高的历史起点上，对实现第二个百年奋斗目标作出分两个阶段推进的战略安排，提出到 2035 年基本实现社会主义现代化，到本世纪中叶把我国建成富强民主文明和谐美丽的社会主义现代化强国。由此，中国式现代化战略步骤的设计越来越清晰，彰显了党对实现中国式现代化的初心和坚持。

2020 年 10 月，习近平总书记在党的十九届五中全会上强调："我国要坚定不移推进中国式现代化，以中国式现代化推进中华民族伟大复兴"①。2021 年 7 月 1 日，在庆祝中国共产党成立 100 周年大会上，习近平总书记面向世界郑重宣告："我们坚持和发展中国特色社会主义，推动物质文明、政治文明、精神文明、社会文明、生态文明协调发展，创造了中国式现代化新道路，创造了人类文明新形态。"② 2022 年 10 月，

① 《习近平谈治国理政》第四卷，外文出版社 2022 年版，第 124 页。
② 《习近平谈治国理政》第四卷，外文出版社 2022 年版，第 10 页。

党的二十大报告提出了新时代新征程中国共产党的使命任务，鲜明指出："从现在起，中国共产党的中心任务就是团结带领全国各族人民全面建成社会主义现代化强国、实现第二个百年奋斗目标，以中国式现代化全面推进中华民族伟大复兴。"① 二十大党章同时强调："我国的社会主义建设，必须从我国的国情出发，走中国特色社会主义道路，以中国式现代化全面推进中华民族伟大复兴。"②

党的二十大报告指出："中国式现代化，是中国共产党领导的社会主义现代化，既有各国现代化的共同特征，更有基于自己国情的中国特色。"③ 中国式现代化是人口规模巨大的现代化，是全体人民共同富裕的现代化，是物质文明和精神文明相协调的现代化，是人与自然和谐共生的现代化，是走和平发展道路的现代化。报告还指出："中国式现代化的本质要求是：坚持中国共产党领导，坚持中国特色社会主义，实现高质量发展，发展全过程人民民主，丰富人民精神世界，实现全体人民共同富裕，促进人与自然和谐共生，推动构建人类命运共同体，创造人类文明新形态。"④

① 《习近平著作选读》第一卷，人民出版社 2023 年版，第 18 页。
② 《中国共产党章程》，人民出版社 2022 年版，第 4 页。
③ 《习近平著作选读》第一卷，人民出版社 2023 年版，第 18 页。
④ 《习近平著作选读》第一卷，人民出版社 2023 年版，第 20 页。

038 进一步全面深化改革

1978 年 12 月，党的十一届三中全会作出了把全党工作重心转移到社会主义现代化建设上来的重大决策，揭开了改革开放的序幕。从农村到城市、从经济领域到其他各个领域，全面改革的进程势不可当地展开了。实践证明，"改革开放是决定当代中国命运的关键一招，也是决定实现'两个一百年'奋斗目标、实现中华民族伟大复兴的关键一招。" ①

中国特色社会主义进入新时代，以习近平同志为核心的党中央站在全局和历史的高度，擘画改革新蓝图、吹响改革集结号，明确了全面深化改革的战略布局，实现了改革理论和政策的一系列重大突破。2013 年11 月，党的十八届三中全会通过《中共中央关于全面深化改革若干重大问题的决定》，提出到 2020 年全面深化改革的时间表、路线图，描绘了全面深化改革的新蓝图、新愿景、新目标，强调要在重要领域和关键环节改革上取得决定性成果，形成系统完备、科学规范、运行有效的制度体系，使各方面制度更加成熟更加定型。如果说，改革开放是当代中国最鲜明的特色，那么，以更大的政治勇气和智慧推进改革，用全局观念和系统思维谋划改革，就是党的十八大以来深化改革最鲜明的特征。

全面深化改革是全方位、深层次、根本性的，取得的成就是历史

① 《习近平谈治国理政》第一卷，外文出版社 2018 年版，第 71 页。

性、革命性、开创性的。党的十八届三中全会以来，我们党坚持破立并举、攻坚克难，多点发力、全面突破，蹄疾步稳、纵深推进，实现改革由局部探索、破冰突围到系统集成、全面深化的转变，为全面建成小康社会、实现党的第一个百年奋斗目标提供有力制度保障，推动我国迈上全面建设社会主义现代化国家新征程，也为进一步全面深化改革奠定了坚实的理论基础、制度基础和物质基础。

围绕党的中心任务谋划和部署改革，是党领导改革开放的成功经验。党的二十大确立了新时代新征程党的中心任务，对推进中国式现代化作出战略部署。推进中国式现代化是一项全新的事业，前进道路上必然会遇到各种矛盾和风险挑战。面对纷繁复杂的国际国内形势，面对新一轮科技革命和产业变革，面对人民群众新期待，必须继续把改革推向前进。2024 年 7 月，在以中国式现代化全面推进强国建设、民族复兴伟业的关键时期，党的二十届三中全会审议通过了《中共中央关于进一步全面深化改革、推进中国式现代化的决定》，科学谋划了围绕中国式现代化进一步全面深化改革的总体部署，明确了进一步全面深化改革的指导思想、总目标、重大原则。《决定》着力抓住推进中国式现代化需要破解的重大体制机制问题谋划改革，提出了 300 多项重要改革举措，同时明确指出，到 2029 年中华人民共和国成立 80 周年时，完成这些改革任务。2024 年 8 月，习近平总书记在主持召开二十届中央全面深化改革委员会第六次会议时强调：进一步全面深化改革是在新时代以来全面深化改革基础上推进的，具备坚实基础和有利条件。要运用好已有的改革成果和重要经验，解放思想、实事求是、与时俱进、求真务实，充分调动各方面积极性，全力抓好改革任务的组织实施。①

　　中国式现代化是在改革中不断推进的，也必将在改革中开辟广阔前景。进一步全面深化改革，必须全面贯彻习近平新时代中国特色社会主义思想，深入学习贯彻习近平总书记关于全面深化改革的一系列新思想、新观点、新论断，总结和运用改革开放以来特别是新时代全面深化改革的宝贵经验，自觉把改革摆在更加突出位置，把全面深化改革作为推进中国式现代化的根本动力，在新征程上谱写改革新篇章。

---

① 《习近平主持召开中央全面深化改革委员会第六次会议强调：解放思想实事求是与时俱进求真务实 全力抓好改革任务的组织实施》，《人民日报》2024 年 8 月 30 日第 1 版。

039 国家治理体系和治理能力现代化

纵观社会主义从诞生到现在的历史过程，怎样治理社会主义社会这样的全新社会，在以往的世界社会主义实践中没有解决得很好。

我们党在全国执政以后，不断探索这个问题，虽然也发生了严重曲折，但在国家治理体系和治理能力上积累了丰富经验、取得了重大成果，改革开放以来的进展尤为显著。我国政治稳定、经济发展、社会和谐、民族团结，同世界上一些地区和国家不断出现乱局形成了鲜明对照。特别是党的十八大以来，以习近平同志为核心的党中央全面深化改革，推动中国特色社会主义制度更加完善、国家治理体系和治理能力现代化水平明显提高。

2013年11月，党的十八届三中全会审议通过了《中共中央关于全面深化改革若干重大问题的决定》，首次在中央文件中提出"推进国家治理体系和治理能力现代化"，并强调"全面深化改革的总目标是完善和发展中国特色社会主义制度，推进国家治理体系和治理能力现代化"①。2017年10月，党的十九大报告也强调，坚持全面深化改革，"必

---

① 中共中央文献研究室:《十八大以来重要文献选编》（上），中央文献出版社2014年版，第512页。

须坚持和完善中国特色社会主义制度，不断推进国家治理体系和治理能力现代化"①。

习近平总书记指出："国家治理体系和治理能力是一个国家制度和制度执行能力的集中体现。国家治理体系是在党领导下管理国家的制度体系，包括经济、政治、文化、社会、生态文明和党的建设等各领域体制机制、法律法规安排，也就是一整套紧密相连、相互协调的国家制度；国家治理能力则是运用国家制度管理社会各方面事务的能力，包括改革发展稳定、内政外交国防、治党治国治军等各个方面。"②国家治理体系和治理能力是一个有机整体，相辅相成，有了好的国家治理体系才能提高治理能力，提高国家治理能力才能充分发挥国家治理体系的效能。

2019年10月党的十九届四中全会审议通过的《中共中央关于坚持和完善中国特色社会主义制度、推进国家治理体系和治理能力现代化若干重大问题的决定》，对坚持和完善中国特色社会主义制度、推进国家治理体系和治理能力现代化进行系统总结并提出总体目标，明确到建党一百年时，在各方面制度更加成熟更加定型上取得明显成效；到2035年，各方面制度更加完善，基本实现国家治理体系和治理能力现代化；到新中国成立一百年时，全面实现国家治理体系和治理能力现代化，使中国特色社会主义制度更加巩固、优越性充分展现。这一总体目标，充分反映了以习近平同志为核心的党中央对坚持和完善中国特色社会主义制度、推进国家治理体系和治理能力现代化作出的战略安排。

①《习近平谈治国理政》第三卷，外文出版社2020年版，第17页。
②《习近平谈治国理政》第一卷，外文出版社2018年版，第91页。

2024 年 7 月，党的二十届三中全会通过的《中共中央关于进一步全面深化改革、推进中国式现代化的决定》强调，继续把改革推向前进，是坚持和完善中国特色社会主义制度、推进国家治理体系和治理能力现代化的必然要求。《决定》还将进一步全面深化改革的总目标规定为，"继续完善和发展中国特色社会主义制度，推进国家治理体系和治理能力现代化。到二〇三五年，全面建成高水平社会主义市场经济体制，中国特色社会主义制度更加完善，基本实现国家治理体系和治理能力现代化，基本实现社会主义现代化，为到本世纪中叶全面建成社会主义现代化强国奠定坚实基础"[①]。

推进国家治理体系和治理能力现代化，是完善和发展中国特色社会主义制度的必然要求，也是发挥社会主义制度优越性的必由之路。推进国家治理体系和治理能力现代化，就是要适应时代变化，既改革不适应实践发展要求的体制机制、法律法规，又不断构建新的体制机制、法律法规，使各方面制度更加科学、更加完善，实现党、国家、社会各项事务治理制度化、规范化、程序化。

[①] 《中共中央关于进一步全面深化改革、推进中国式现代化的决定》，人民出版社 2024 年版，第 4 页。

040 高水平对外开放

党的十一届三中全会以来，我国坚持打开国门搞建设，实行积极主动的开放战略，积极参与经济全球化，充分利用国际国内两个市场、两种资源，实现了从封闭半封闭到全方位开放的伟大历史转折。党的十八大以来，以习近平同志为核心的党中央观大势、谋全局，确立开放发展新理念，深化互利共赢开放战略，加快构建开放型经济新体制，积极参与全球经济治理，推进对外开放从理论到实践不断创新，推动形成了我国全面开放新格局。

从兴办经济特区到全面开放沿海沿边沿江沿线和内陆中心城市，从加入世界贸易组织到共建"一带一路"，从大规模"引进来"到大踏步"走出去"，不断深化的对外开放使中国大踏步赶上时代潮流，给中国经济社会发展带来了沧海桑田的巨变。习近平总书记指出，"中国不断扩大对外开放，不仅发展了自己，也造福了世界。"[①]实践启示我们，对外开放是国家繁荣发展的必由之路，以开放促改革、促发展，是我国发展不断取得新成就的重要法宝。

历史反复证明，一个国家强盛才能充满信心开放，而开放又促进一个国家强盛。习近平总书记强调："我国经济持续快速发展的一个重要

---

① 《习近平谈治国理政》第三卷，外文出版社 2020 年版，第 202 页。

动力就是对外开放。对外开放是基本国策，我们要全面提高对外开放水平，建设更高水平开放型经济新体制，形成国际合作和竞争新优势。要积极参与全球经济治理体系改革，推动完善更加公平合理的国际经济治理体系。"[①]实行高水平对外开放，是中国基于发展需要作出的战略抉择，也是在以实际行动推动经济全球化造福世界各国人民。

2022年10月，党的二十大报告把"推进高水平对外开放"作为"加快构建新发展格局，着力推动高质量发展"的重要内容。2024年7月，党的二十届三中全会突出强调并专章部署了完善高水平对外开放体制机制，释放了扩大高水平对外开放的明确信号。新征程上的高水平对外开放，是更好对接国际高标准经贸规则的开放；是更加积极的自主开放和单边开放；是更好把握数字化绿色化机遇的开放；是更能满足人民美好生活需要的开放；是更好促进合作共赢的开放；是更好统筹发展和安全的开放。持续推进高水平对外开放，就是要坚持以开放促改革、促发展、促创新，在扩大国际合作中提升开放能力，建设更高水平开放型经济新体制，形成更大范围、更宽领域、更深层次对外开放新格局，在中国式现代化的进程中，推动世界共同繁荣发展。

从国内来看，我们将建设多元平衡、安全高效的全面开放体系，推进"引进来"和"走出去"相结合的高水平双向开放，推进工业制造业开放和服务业等开放相结合的高水平产业开放，推进外贸和外资相结合的高水平多领域协作开放，推进沿海开放和内陆沿边开放相结合的高水平内外联动开放，推进对发达国家开放和对发展中国家开放相结合的高水平全方位开放。

---

① 《习近平著作选读》第二卷，人民出版社2023年版，第331页。

从国际来看，我们将大力发展全球伙伴关系，拓展与各国的友好合作，走出一条相互尊重、公平正义、合作共赢的国与国交往新路，同世界各国人民一起共建人类命运共同体；我们将携手各国，把"一带一路"建设成为和平、繁荣、开放、创新、文明之路，为各国发展增添新动力；我们将秉持共商共建共享全球治理观，积极参与全球治理，推动全球治理体系朝着更加公正合理的方向发展；我们将坚持走开放融通、合作共赢之路，坚定维护多边贸易体制、共建开放型世界经济，坚决反对保护主义、单边主义。

过去，中国经济发展是在开放条件下取得的，未来，中国经济实现高质量发展也必将在更加开放的条件下进行。习近平总书记强调："中国推动更高水平开放的脚步不会停滞！中国推动建设开放型世界经济的脚步不会停滞！中国推动构建人类命运共同体的脚步不会停滞！"[1]这既向全世界宣示了中国坚定不移扩大开放、建设开放型世界经济和推动世界经济繁荣发展的坚定决心和大国担当，也为经济全球化健康发展指明了前进方向。

041 自由贸易试验区

改革开放之初，我国的对外开放是以出口导向为基础，以引进外资、沿海开放和适应国际经济规则为主，以工业、制造业、房地产业、建筑业等为重点领域。这些特点与世界经济格局的调整变化和社会主义初级阶段我国经济发展的实际情况相适应，对我国的改革开放事业及经济发展起了极大的推动作用。

但进入21世纪，特别是2008年以来，我国的对外开放也遇上了越来越多的国际经贸摩擦。与此同时，随着我国国内经济基础条件、产业结构和社会需求水平的变化，我国原先的开放模式、开放方式也出现了不适应国内经济发展的情况。特别是在金融业、服务贸易、教育卫生文化等政府公共服务和数字贸易领域，我国的对外开放还存在明显的短板。

为了将对外开放推向新高度、新深度、新广度，党的十八大以来，以习近平同志为核心的党中央制定了一系列新的开放措施，其中重要的一项就是设立自由贸易试验区。自由贸易试验区是在贸易和投资等方面比世界贸易组织有关规定更加优惠的贸易安排，是指在主权国家或地区的关境以外，划出特定的区域，准许外国商品豁免关税自由进出。

自2013年9月中国（上海）自由贸易试验区挂牌成立，我国自由贸易试验区队伍不断发展壮大，已覆盖整个东南沿海，并由沿海向内地延伸。2014年12月，广东、福建、天津进入第二批自贸试验区名单。一年后，党中央、国务院又决定，在浙江、辽宁、河南、湖北、重庆、四川、陕西新设7个自由贸易试验区，从而形成了6个位于沿海、2个位于中部、3个深入西部的分布格局，自由贸易试验区在地理位置分布上更加均衡。2018年庆祝海南建省办经济特区30周年时，党中央决定支持海南全岛建设自由贸易试验区，并于2020年6月1日公布《海南自由贸易港建设总体方案》，使海南正式成为第一个具有中国特色的自由贸易港。2019年8月，国务院同意在山东、江苏、广西、河北、云南、黑龙江新设6个自由贸易试验区。2020年9月，国务院印发《关于北京、湖南、安徽自由贸易试验区总体方案及浙江自由贸易试验区扩展区域方案》的通知，将我国的自由贸易试验区的数量增至21个。2023年11月，中国西北沿边地区首个自由贸易试验区——中国（新疆）自由贸易试验区正式揭牌。截至目前，全国已建设22个自贸试验区。

今天的中国，比以往任何时候都更加开放。自由贸易试验区的建设和发展，为推进"一带一路"建设、加快贸易强国建设、改善外商投资环境、优化区域开放布局、创新对外投资合作方式、促进贸易和投资自由化便利化提供了有力支持。2023年9月，在自贸试验区建设十周年座谈会上，习近平总书记强调："新征程上，要在全面总结十年建设经验基础上，深入实施自贸试验区提升战略，勇做开拓进取、攻坚克难的先锋，在更广领域、更深层次开展探索，努力建设更高水平自贸试验区。"① 2024年8月，

---

① 《习近平就深入推进自由贸易试验区建设作出重要指示强调：勇做开拓进取攻坚克难先锋 努力建设更高水平自贸试验区》，《人民日报》2023年9月27日第1版。

二十届中央全面深化改革委员会第六次会议审议通过《关于实施自由贸易试验区提升战略的意见》，强调："要坚持以高水平开放为引领，以制度创新为核心，鼓励先行先试，开展首创性、集成式探索，推动全产业链创新发展，增强对外贸易综合竞争力，促进投资自由化便利化，推动以贸易、投资、资金流动、交通运输、人员往来自由便利和数据安全有序流动为重点的政策体系更加完善。要统筹发展和安全，稳步扩大规则、规制、管理、标准等制度型开放，提升风险防控能力。"①把自由贸易试验区的这些"种子"切实培养好、在更大范围内播撒好，就一定能助推中国对外开放行稳致远，助力中国经济社会发展再上新台阶。

① 《习近平主持召开中央全面深化改革委员会第六次会议强调：解放思想实事求是与时俱进求真务实 全力抓好改革任务的组织实施》，《人民日报》2024年8月30日第1版。

042 社会主义基本经济制度

　　一个社会的基本经济制度主要指该社会占统治地位的生产关系的总和，在经济制度体系中处于基础性、决定性地位，具有长期性、稳定性，对经济制度属性和经济发展方式产生决定性影响。一般而言，基本经济制度包含生产资料所有制、产品分配形式和人们在生产与分配中的相互关系。

　　新中国成立以来，通过对农业、手工业和资本主义工商业进行大规模的社会主义改造，建立了以公有制为基础、实行按劳分配和计划经济的基本经济制度，极大地促进了生产力发展和人民生活改善，初步显示了社会主义的优越性。但在其后探索社会主义建设道路的过程中，受"左"倾错误和传统社会主义模式的影响，一度盲目追求纯而又纯的公有制，束缚了生产力发展。

　　党的十一届三中全会以后，通过全面总结历史经验教训，我们党作出了改革开放的伟大决策，对于我国的所有制结构、分配方式和经济体制进行了重大理论创新、实践创新和制度创新。在所有制结构方面，逐步确立了"公有制为主体、多种所有制经济共同发展"的经济制度，并强调既要毫不动摇巩固和发展公有制经济，也要毫不动摇鼓励、支持、引导非公有制经济发展。在分配方式方面，由"以公有制为主体、多种所有制经济共同发展"的经济制度所决定，确立了"以按劳分配为主体、多种分配方式并存"的分配制度。在经济体制方面，根除了将计划经济等同于社会主义、将市场经济等同于资本主义的传统观念，在实践中开创了社会主义市场经济体制，充分发挥市场对资源配置的决定性作用。

1997 年，党的十五大报告首次提出了"公有制为主体、多种所有制经济共同发展，是我国社会主义初级阶段的一项基本经济制度""非公有制经济是我国社会主义市场经济的重要组成部分"[1]，强调了基本经济制度中生产资料所有制形式的部分。2002 年，十六大党章首次使用了"基本经济制度"的提法，指出："必须坚持和完善公有制为主体、多种所有制经济共同发展的基本经济制度，坚持和完善按劳分配为主体、多种分配方式并存的分配制度，鼓励一部分地区和一部分人先富起来，逐步消灭贫穷，达到共同富裕，在生产发展和社会财富增长的基础上不断满足人民日益增长的物质文化需要。"[2]这一提法和要求，在十七大、十八大党章中都得到了沿用。十九大党章则依据党的十九大报告对我国社会主要矛盾的新判断，将"不断满足人民日益增长的物质文化需要"调整为"不断满足人民日益增长的美好生活需要"。

党的十八大以来，以习近平同志为核心的党中央围绕如何坚持和完善我国社会主义基本经济制度，在理论和实践的结合中进行了新的探

---

① 中共中央文献研究室：《十五大以来重要文献选编》（上），中央文献出版社 2011 年版，第 17、19 页。

② 本书编委会：《中国共产党历次党章汇编（1921—2022）》，中国方正出版社 2023 年版，第 442—443 页。

索。2019 年 10 月，党的十九届四中全会通过了《中共中央关于坚持和完善中国特色社会主义制度、推进国家治理体系和治理能力现代化若干重大问题的决定》，对我国基本经济制度作出新概括，首次使用了"公有制为主体、多种所有制经济共同发展，按劳分配为主体、多种分配方式并存，社会主义市场经济体制等社会主义基本经济制度"①的新提法。这是对马克思主义经济理论的创新发展，也标志着我国社会主义基本经济制度更加成熟更加定型。基于这样的理论创新，2022 年 10 月，二十大党章也强调："必须坚持和完善公有制为主体、多种所有制经济共同发展，按劳分配为主体、多种分配方式并存，社会主义市场经济体制等基本经济制度，鼓励一部分地区和一部分人先富起来，逐步实现全体人民共同富裕，在生产发展和社会财富增长的基础上不断满足人民日益增长的美好生活需要，促进人的全面发展。"②

新中国成立 70 多年来特别是改革开放 40 多年来所创造的经济快速发展奇迹充分证明，我国社会主义基本经济制度中所有制、分配制度和社会主义市场经济体制相互联系、相互支持、相互促进，既体现社会主义制度优越性，又同我国社会主义初级阶段生产力发展水平相适应，是适合我国国情的先进的基本经济制度。我们要完成第二个百年奋斗目标、建成社会主义现代化强国和实现中华民族伟大复兴，仍要靠社会主义基本经济制度的支持和保障。

---

① 中共中央党史和文献研究院：《十九大以来重要文献选编》（中），中央文献出版社 2021 年版，第 280—281 页。
②《中国共产党章程》，人民出版社 2022 年版，第 5 页。

043 "两个毫不动摇"

"两个毫不动摇"，即"毫不动摇巩固和发展公有制经济""毫不动摇鼓励、支持、引导非公有制经济发展"，是中国共产党对多年来坚持和发展基本经济制度成功经验的高度概括。

改革开放以来，我国逐步建立和不断完善社会主义市场经济体制，市场体系不断完善，各类经营主体蓬勃发展。党的十二大首次肯定了个体经济是社会主义公有制经济不可缺少的补充。党的十三大又明确了民营经济是公有制经济的必要和有益的补充。在此基础上，党的十五大明确提出，非公有制经济是我国社会主义市场经济的重要组成部分，公有制为主体、多种所有制经济共同发展，是我国社会主义初级阶段的一项基本经济制度。党的十六大丰富了基本经济制度的内涵，提出"两个毫不动摇"的原则。党的十九大把"两个毫不动摇"写入新时代坚持和发展中国特色社会主义的基本方略，作为党和国家一项大政方针进一步确定下来。党的二十届三中全会审议通过的《中共中央关于进一步全面深化改革、推进中国式现代化的决定》，聚焦构建高水平社会主义市场经济体制，强调"坚持和完善社会主义基本经济制度"，要求"坚持和落实'两个毫不动摇'""促进各种所有制经济优势互补、共同发展"。由此可以看出，我们党在坚持基本经济制度上的观点是明确的、一贯的，而且是不断深化的，从来没有动摇。

公有制经济和非公有制经济都是社会主义市场经济的重要组成部分，是我国经济活动的主要参与者、就业机会的主要提供者、技术进步的主要推动者，在国家发展中发挥着十分重要的作用。我国的社会主义性质和国有企业的重要支柱作用，决定了要毫不动摇巩固和发展公有制经济。而毫不动摇鼓励、支持、引导非公有制经济发展，则是同我国社会生产力发展水平相适应的必然选择。公有制经济和非公有制经济是相辅相成、相得益彰的关系，而不是相互排斥、相互抵消的关系。

在"两个毫不动摇"方针指引下，我国公有制经济和非公有制经济都得到了长足发展。公有制经济通过改革创新，竞争力、创新力、控制力、影响力、抗风险能力不断增强；非公有制经济从小到大、由弱变强，成为稳定经济的重要基础、国家税收的重要来源、技术创新的重要主体、金融发展的重要依托、经济持续健康发展的重要力量。实践充分证明，我国社会生产力不断得到解放和发展，一个重要原因正在于毫不动摇坚持基本经济制度，推动各类所有制经济共同发展。习近平总书记指出："我们必须亮明态度、决不含糊，始终坚持社会主义市场经济改革方向，坚持'两个毫不动摇'。"①

一方面，要毫不动摇巩固和发展公有制经济，深化国资国企改革。公有制经济不仅包括国有经济、集体经济，还包括混合所有制经济中的国有成分和集体成分。其中，国有企业是推进中国式现代化、保障人民共同利益的重要力量，是党和国家事业发展的重要物质基础和政治基础，在构建全新产业体系、带动关联产业和企业发展、提升国家经济实

---

① 习近平：《当前经济工作的几个重大问题》，《求是》2023 年第 4 期。

力和国家形象方面发挥了重要作用。毫不动摇巩固和发展公有制经济，应把坚持公有制经济主体地位和深化国资国企改革统筹协调起来，加快国有经济布局优化和结构调整，推动国有资本和国有企业做强做优做大。

另一方面，要毫不动摇鼓励、支持、引导非公有制经济发展，促进民营经济走向更加广阔的舞台。我国非公有制经济从小到大、由弱变强，是在党和国家方针政策指引下实现的，对非公有制经济的关爱、引导、支持是我国长期的政策方向。毫不动摇鼓励、支持、引导非公有制经济发展，必须从制度和法律上把对国企民企平等对待的要求落实到位，营造有利于非公有制经济公开公平公正参与竞争的法治环境，完善促进中小微企业发展的政策体系。

坚持"两个毫不动摇"，激发各类市场主体发展新活力，这是中国经济发展道路的独特优势。进一步全面深化改革，让公有制经济与非公有制经济更好地协同发展，巩固壮大"众人拾柴火焰高"的发展态势，才能让一切创造社会财富的源泉充分涌流，不断激发全社会的创造力和发展活力，为推动高质量发展提供强劲动力。

044 社会主义市场经济体制

　　社会主义只能搞计划经济，市场经济属于资本主义，这是传统社会主义模式的定论。受这一模式影响，我国在社会主义建设过程中，长期实行高度集中的计划经济体制。而随着改革开放的发展，人们对计划经济的弊端和市场经济的优长有了越来越多的直观感受，也产生了越来越符合客观实际的思想认识。

　　1979 年 3 月，陈云在党内创造性地提出了"市场调节"的新概念，并指出，整个社会主义时期必须有两种经济：计划经济部分和市场调节部分。当然，重视市场调节，并不排斥计划的宏观调控，而是要实现两者的有机结合。同年 11 月，邓小平在会见美国和加拿大客人时指出："说市场经济只存在于资本主义社会，只有资本主义的市场经济，这肯定是不正确的。社会主义为什么不可以搞市场经济，这个不能说是资本主义。我们是计划经济为主，也结合市场经济，但这是社会主义的市场经济。"[①]

　　1981 年 12 月，陈云提出"以计划经济为主，市场调节为辅"的新构想。在 1982 年 9 月党的十二大上，"以计划经济为主，市场调节为辅"的经济体制被写进大会的政治报告。之后，在对这一思想进行解释时，

① 《邓小平文选》第二卷，人民出版社 1994 年版，第 236 页。

陈云进一步用"鸟"和"笼子"的关系来阐述计划与市场关系的问题。他说："今后要继续实行搞活经济的政策，继续发挥市场调节的作用。但是，我们也要防止在搞活经济中，出现摆脱国家计划的倾向。搞活经济是在计划指导下搞活，不是离开计划的指导搞活。这就像鸟和笼子的关系一样，鸟不能捏在手里，捏在手里会死，要让它飞，但只能让它在笼子里飞。"[1]1982年宪法确认了这个提法，宪法第十五条规定："国家在社会主义公有制基础上实行计划经济。国家通过经济计划的综合平衡和市场调节的辅助作用，保证国民经济按比例地协调发展。"[2]

1984年党的十二届三中全会通过的关于经济体制改革的决定，也明确规定中国的社会主义经济是有计划的商品经济，指出："改革计划体制，首先要突破把计划经济同商品经济对立起来的传统观念，明确认识社会主义计划经济必须自觉依据和运用价值规律，是在公有制基础上的有计划的商品经济"[3]。1987年党的十三大报告指出："社会主义有计划商品经济的体制，应该是计划与市场内在统一的体制"[4]。

1992年年初，邓小平在南方谈话中明确地讲："计划多一点还是市场多一点，不是社会主义与资本主义的本质区别。计划经济不等于社会主义，资本主义也有计划；市场经济不等于资本主义，社会主义也有市

① 《陈云文选》第三卷，人民出版社1995年版，第320页。
② 中共中央文献研究室：《十二大以来重要文献选编》（上），中央文献出版社2011年版，第190页。
③ 中共中央文献研究室：《十二大以来重要文献选编》（中），中央文献出版社2011年版，第56页。
④ 中共中央文献研究室：《十三大以来重要文献选编》（上），中央文献出版社2011年版，第23页。

场。计划和市场都是经济手段。"① 同年 10 月，党的十四大提出："我国经济体制改革的目标是建立社会主义市场经济体制，以利于进一步解放和发展生产力。"② 大会修改通过的党章也指出："要从根本上改革束缚生产力发展的经济体制，建立社会主义市场经济体制"③。这就在党章中首次使用了"社会主义市场经济体制"的提法。十五大党章重申了这一提法，而从十六大党章开始，"建立社会主义市场经济体制"的提法被"坚持和完善社会主义市场经济体制"的提法所取代。

党的十四大之后，1993 年党的十四届三中全会通过的《中共中央关于建立社会主义市场经济体制若干问题的决定》，制定了社会主义市场经济体制的基本框架。2003 年党的十六届三中全会通过的《中共中央关于完善社会主义市场经济体制若干问题的决定》，提出了完善社会主义市场经济体制的目标、任务、指导思想和原则。2013 年党的十八届三中全会通过的《中共中央关于全面深化改革若干重大问题的决定》指出，要"使市场在资源配置中起决定性作用和更好发挥政府作用"。2020 年 5 月，中共中央、国务院印发《关于新时代加快完善社会主义市场经济体制的意见》，强调社会主义市场经济体制是中国特色社会主义的重大理论和实践创新，是社会主义基本经济制度的重要组成部分，要求"构建更加系统完备、更加成熟定型的高水平社会主义市场经济体制"，并作了任务部署。

---

① 《邓小平文选》第三卷，人民出版社 1993 年版，第 373 页。
② 中共中央文献研究室：《十四大以来重要文献选编》（上），中央文献出版社 2011 年版，第 16 页。
③ 本书编委会：《中国共产党历次党章汇编（1921—2022）》，中国方正出版社 2023 年版，第 374 页。

　　在党的坚强领导下，我国社会主义市场经济体制从初步建立到不断完善、成熟，极大地调动了亿万人民的积极性，极大地促进了生产力的发展，极大地增强了党和国家活力。

045 新发展理念

　　"理念是行动的先导，一定的发展实践都是由一定的发展理念来引领的。"[①]党的十八大以来，我国发展面对新的风险和挑战，各种矛盾和问题比较多地显现出来。新时代我们要实现什么样的发展、怎样实现发展，这一重大问题成为必须要创造性回答的时代课题。为了破解发展难题、厚植发展优势，以习近平同志为核心的党中央明确提出"创新、协调、绿色、开放、共享"的新发展理念，并以"崇尚创新、注重协调、倡导绿色、厚植开放、推进共享"为指导方针进行了一系列政策部署，为新时代中国特色社会主义事业指明了发展方向。

　　2014 年 7 月 8 日，习近平总书记在经济形势专家座谈会上深刻指出："发展必须是遵循经济规律的科学发展，必须是遵循自然规律的可持续发展。"[②]科学总结我国经济发展实践经验，2015 年 10 月，党的十八届五中全会强调："必须牢固树立并切实贯彻创新、协调、绿色、开放、共享的发展理念。这是关系我国发展全局的一场深刻变革。"[③] 2017 年

---

① 《习近平谈治国理政》第二卷，外文出版社 2017 年版，第 197 页。

② 中共中央文献研究室：《习近平关于社会主义经济建设论述摘编》，人民出版社 2017 年版，第 320 页。

③ 《中共十八届五中全会在京举行》，《人民日报》2015 年 10 月 30 日第 1 版。

10月，党的十九大报告指出："发展必须是科学发展，必须坚定不移贯彻创新、协调、绿色、开放、共享的发展理念。"①党的十九大在新修改的党章中，也强调必须"坚持创新、协调、绿色、开放、共享的发展理念"②。2022年10月，二十大党章进一步强调，实现社会主义现代化，并且为此而改革生产关系和上层建筑中不适应生产力发展的方面和环节，必须"贯彻创新、协调、绿色、开放、共享的新发展理念"③。

新发展理念抓住发展着力点，贯穿着鲜明的问题导向，直指我国发展中的突出矛盾和问题。创新发展注重解决发展动力问题，在国际发展竞争日趋激烈和国内发展动力转换的形势下，只有把发展的基点放在创新上，形成促进创新的体制架构，才能塑造更多依靠创新驱动、更多发挥先发优势的引领型发展。协调发展注重解决发展不平衡问题，只有坚持区域协同、城乡一体、物质文明精神文明并重、经济建设国防建设融合，才能在协调发展中拓宽发展空间，在加强薄弱领域中增强发展后劲。绿色发展注重解决发展中人与自然的和谐问题，只有坚持绿色富国、绿色惠民，为人民提供更多优质生态产品，推动形成绿色发展方式和生活方式，才能协同推进人民富裕、国家富强、中国美丽。开放发展注重解决内外联动问题，只有丰富对外开放内涵，提高对外开放水平，协同推进战略互信、经贸合作、人文交流，才能开创对外开放新局面，形成深度整合的互利合作格局。共享发展注重解决社会公平正义问题，

① 《习近平谈治国理政》第三卷，外文出版社2020年版，第17页。
② 本书编委会：《中国共产党历次党章汇编（1921—2022）》，中国方正出版社2023年版，第593页。
③ 《中国共产党章程》，人民出版社2022年版，第5页。

只有让广大人民群众共享改革发展成果，才能真正体现社会主义制度优越性。新发展理念既抓住制约发展的症结，又开出了解决问题的良方。以新发展理念为先导，把创新、协调、绿色、开放、共享要解决的问题作为发展的着力点，破解发展难题、补上发展短板、增强发展动力、厚植发展优势，才能推动经济社会发展向更高境界、更深层次迈进。

习近平总书记强调："新发展理念是一个系统的理论体系，回答了关于发展的目的、动力、方式、路径等一系列理论和实践问题，阐明了我们党关于发展的政治立场、价值导向、发展模式、发展道路等重大政治问题。"① 新发展理念体现了对社会主义本质要求和发展方向的科学把握，标志着我们党对经济社会发展规律的认识达到了新的高度，是我国经济社会发展必须长期坚持的重要遵循。

---

① 《习近平谈治国理政》第四卷，外文出版社 2022 年版，第 170—171 页。

046 新发展格局

党的十八大以来，以习近平同志为核心的党中央根据国内外经济形势的发展变化，提出了一系列以内需拉动和创新驱动来促进经济发展的举措，并在持续探索的基础上，形成了构建新发展格局的理论。站在世界百年未有之大变局的历史关口，把握我国社会主要矛盾发展变化，2020年10月召开的党的十九届五中全会作出了"加快构建以国内大循环为主体、国内国际双循环相互促进的新发展格局"的战略部署。

"以国内大循环为主体、国内国际双循环相互促进的新发展格局"，其中的国内大循环，是指以国内的分工体系和市场体系为载体，以国际分工和国际市场为补充和支持，以满足国内需求为出发点和落脚点的国民经济循环体系，是一种以内为主的发展模式；国际大循环，则是指以国际分工和国际市场为基础，以国际产业链和价值链为依托，各经济体之间相互竞争、相互依存的国际经济循环体系，是一种外向型的发展模式。

习近平总书记指出："新发展格局是根据我国发展阶段、环境、条件变化提出来的，是重塑我国国际合作和竞争新优势的战略抉择。"① 考察英国、美国、德国、日本等发达国家的经济增长，可以发现一个规律

---

① 习近平：《在经济社会领域专家座谈会上的讲话》，人民出版社2020年版，第4页。

性的现象，即在全球人口和市场规模中占比较大的现代大国，当其经济发展达到一定水平和阶段后，都会经历由"以外促内"转向"以内促外"的调整，逐步从以国际大循环为主的外向型发展模式转变为以内循环为主的发展模式。中国构建以国内大循环为主体、国内国际双循环相互促进的新发展格局，符合大国经济发展规律。

同时，"构建新发展格局，我们是有显著制度优势和坚实改革基础的"①。首先，中国经济过去多年的持续稳定发展为构建新发展格局奠定了供给基础。新中国成立 70 多年来，尤其是改革开放 40 多年来，在几代人的接续奋斗下，我国已积累了比较雄厚的物质基础，建成了世界上最为齐全、规模最大的工业体系，拥有强大的生产能力、完善的配套能力，以及相对完整、运行畅通的产业链、供应链，具备依靠国内经济循环的基础。其次，我国已进入高质量发展阶段，国内需求潜力巨大，为构建新发展格局提供了需求基础。再次，不断成熟完善的制度机制为构建新发展格局赋予了制度基础。伴随着全面深化改革的不断深入与国家治理体系和治理能力现代化的持续推进，市场在资源配置中的决定性作用进一步发挥，政府作用得到更好发挥，统一公平的全国大市场逐步形成，营商环境不断改善，国民经济在生产、分配、流通和消费等环节基本实现畅通。相对稳定、相对独立、富有效率的国内经济大循环，已成为中国经济的基本盘。

构建新发展格局，展现了以习近平同志为核心的党中央准确识变、科学应变、主动求变的魄力和定力。习近平总书记指出："今后一个时期，我们将面对更多逆风逆水的外部环境，必须做好应对一系列新的风

---

① 《习近平谈治国理政》第四卷，外文出版社 2022 年版，第 225 页。

险挑战的准备。"① 在一个更加不稳定不确定的世界中谋求发展，必须坚持底线思维，更好地统筹发展与风险、开放与安全之间的关系。构建新发展格局，通过繁荣国内经济、畅通国内大循环为我国经济发展增添动力，带动世界经济复苏，这是中国共产党应对外部"不确定性"的合理选择。

构建新发展格局，是我们在新起点上谋划中国经济下一程的重点内容，为今后进一步利用好国际国内两个市场、两种资源，推动经济高质量发展指明了前进方向。这体现了中国应对风险挑战的信心和底气，对于全党全国人民增强机遇意识和风险意识，加快推动中国经济高质量发展、全面深化改革、促进高水平开放，具有十分重大的战略意义和现实意义。2022 年 10 月，党的二十大就"加快构建新发展格局，着力推动高质量发展"进一步作出了战略部署，大会报告和新修改的党章都强调，必须"加快构建以国内大循环为主体、国内国际双循环相互促进的新发展格局"②。

---

① 习近平:《在经济社会领域专家座谈会上的讲话》，人民出版社 2020 年版，第 3 页。
②《中国共产党章程》，人民出版社 2022 年版，第 5 页。

047 高质量发展

没有坚实的物质技术基础，就不可能全面建成社会主义现代化强国。2017 年 10 月，党的十九大提出，"我国经济已由高速增长阶段转向高质量发展阶段，正处在转变发展方式、优化经济结构、转换增长动力的攻关期"[1]。这是党中央根据国内外发展环境和条件出现的新变化作出的一个新的重大判断，明确了我国经济的发展方向和目标是"高质量发展"。2020 年 7 月 30 日，中共中央政治局会议进一步明确指出，"我国已进入高质量发展阶段"[2]。从"转向"到"进入"，标志着推动高质量发展，实现经济发展质量变革、效率变革、动力变革，有着更加重要的现实紧迫性。

实现高质量发展，是我国社会主要矛盾变化提出的客观要求。从"人民日益增长的物质文化需要同落后的社会生产之间的矛盾"转变为"人民日益增长的美好生活需要和不平衡不充分的发展之间的矛盾"，我国社会主要矛盾的这一重大历史性变化，对发展全局产生了深刻影响：新时代人民的需要不仅层次提升了——对物质文化生活提出了更高要

① 《习近平谈治国理政》第三卷，外文出版社 2020 年版，第 23 页。
② 《中共中央政治局召开会议 决定召开十九届五中全会》，《人民日报》2020 年 7 月 31 日第 1 版。

求，而且范围拓展了——在民主、法治、公平、正义、安全、环境等方面的要求日益增长。面对我国社会主要矛盾的变化，经济工作的着力点自然要从"总量"和"增速"转换到"质量"和"效益"上，从专注于物质产品和文化产品供给扩展到包括物质产品、文化产品、制度产品、生态产品等在内的各种产品供给，要求在继续推动发展的基础上，着力解决好发展不平衡不充分问题。在这个新阶段，关注并着力解决"好不好""优不优"问题，聚焦并追求"质量优势"和"效益优势"，无疑是合乎发展规律的选择。

实现高质量发展，也是应对国际环境不稳定性不确定性的根本出路。当今世界正经历百年未有之大变局，虽然和平与发展仍然是时代主题，但是国际环境日趋复杂，不稳定性不确定性明显增强。尤其是一段时间以来，经济全球化遭遇逆流、一些国家保护主义和单边主义盛行、地缘政治风险上升，新冠疫情全球大流行带来世界经济深度衰退、国际贸易和投资大幅萎缩、国际金融市场动荡、国际交往受限，这使得我们必须在一个更加不稳定不确定的世界中谋求发展。与此同时，我国经济发展前景向好，但也面临着结构性、体制性、周期性问题相互交织所带来的困难和挑战，经济运行面临较大压力。应对各种不稳定性不确定性，克服困难、迎接挑战、化解压力，关键要善于在危机中育先机、于变局中开新局，发挥好多方面优势和条件，做好自己的事。而发挥好多方面优势和条件，要求高于发挥多方面优势和条件；做好自己的事，标准也高于做自己的事。这里的关键，在于一个"好"字，就是必须做正确的事和正确地做事，就是要实现高质量发展。

高质量发展，就是能够更好满足人民日益增长的美好生活需要的发展，是体现新发展理念的发展，是创新成为第一动力、协调成为内生特点、绿色成为普遍形态、开放成为必由之路、共享成为根本目的的发展。需要注意的是，在构建新发展格局的背景下，必须更加重视统筹发展与安全。安全和发展是一体之两翼、驱动之双轮，安全是发展的保障，发展是安全的目的。推动创新发展、协调发展、绿色发展、开放发展、共享发展，前提都是国家安全。构建新发展格局在实现更高质量、更有效率、更加公平、更可持续的发展基础上，强调了"更为安全"的发展要求；在实现发展规模、速度、质量、结构、效益相统一的基础上，强调了"安全"的目标，这意味着"安全"已成为高质量发展的前提和基础。

在 2023 年中央经济工作会议上，习近平总书记强调，必须把坚持高质量发展作为新时代的硬道理。党的二十届三中全会提出："高质量发展是全面建设社会主义现代化国家的首要任务。必须以新发展理念引领改革，立足新发展阶段，深化供给侧结构性改革，完善推动高质量发展激励约束机制，塑造发展新动能新优势。"①推动高质量发展是一场关系全局的深刻变革，必须用足用好我国发展的重要战略机遇期，大力转变经济发展方式、优化经济结构、转换增长动力，把着力解决我国发展不平衡不充分问题作为经济工作的重心，更好满足人民日益增长的美好生活需要。

---

① 《中共中央关于进一步全面深化改革、推进中国式现代化的决定》，人民出版社 2024 年版，第 10 页。

048 供给侧结构性改革

新常态下，中国经济发展面临速度换挡、结构调整、动力转换的重大节点，出口优势和参与国际产业分工模式面临新挑战。综合研判世界经济形势和我国经济发展新常态，2015 年 11 月召开的中央财经领导小组会议提出，要"着力加强供给侧结构性改革，着力提高供给体系质量和效率"，从而增强经济持续增长动力，推动我国社会生产力水平实现整体跃升。党的十九大报告明确指出："我国经济已由高速增长阶段转向高质量发展阶段，正处在转变发展方式、优化经济结构、转换增长动力的攻关期""必须坚持质量第一、效益优先，以供给侧结构性改革为主线"[①]。

供给侧结构性改革是破解我国经济发展难题的治本良方。习近平总书记指出："推进供给侧结构性改革，是适应和引领经济发展新常态的重大创新，是适应国际金融危机发生后综合国力竞争新形势的主动选择，是适应我国经济发展新常态的必然要求"[②]。当前，我国经济发展既面临周期性、总量性问题，也面临长期性、结构性问题，而最根本的问题在于供需结构严重失衡，低端供给、无效供给过多，中高端供给、有

---

① 《习近平谈治国理政》第三卷，外文出版社 2020 年版，第 23—24 页。

② 《习近平谈治国理政》第二卷，外文出版社 2017 年版，第 244 页。

效供给不足。例如，一些行业和产业产能严重过剩，同时，大量关键装备、核心技术、高端产品又严重依赖进口。大量有购买力支撑的消费需求，在国内得不到有效供给，导致大量需求外溢。解决供给与需求错配问题，必须从供给侧发力，减少无效和低端供给，扩大有效和中高端供给，使经济资源从供过于求、低效运营的部门和企业流向供不应求、高效运营的部门和企业，实现资源的优化再配置。

理解供给侧结构性改革的完整内涵，要紧扣三个关键词。其中，"供给侧"是方向，区别于"需求侧"，意指从要素供给、产品供给和制度供给三个层面入手，改变经济供给体系的质量和效率；"结构性"是关键，区别于"总量性"问题，意指改革的重点是围绕影响经济发展的诸多结构性问题寻找解决之策；"改革"是抓手，区别于"结构调整"，意指通过体制机制改革，完善制度供给，为新旧动能转换提供引擎。综合起来看，供给侧结构性改革，就是从供给侧入手，围绕经济发展中的结构性问题推进改革，目标是以需求为导向提高产品供给质量，路径是以市场为导向增加资源配置活力，动力是以改革创新为引擎增加制度有效供给，最终实现并形成供求结构高效动态对接、生产力得到解放、经济保持中高速、产业迈向中高端的新经济增长体系。

系统治理供给侧结构性问题，要着力从三个层面下功夫：一是产品和服务供给层次。为市场提供有效而优质的产品和服务供给，是供给侧改革的最终目的，重点在于产品和服务的提供要适应需求结构的变化。为此，要根据需求结构变化，生产并提供有效、优质的商品和服务，实现供求关系的动态均衡。二是要素供给层次。集约节约的要素配置是有效、优质产品供给的前提条件。提高要素配置效率，保持相对稀缺的技术和高素质劳动力等生产要素供给量的不断增长，减少阻碍要素流动的障碍，实现生产要素市场化配置，是这个层次供给侧关注的焦点。三是制度供给层次。制度是决定各种要素投入能够形成何种规模和结构的关键因素。通过体制机制改革形成新的制度供给，是供给侧改革的重中之重，没有新的制度供给做引擎，产品供给和要素供给将无从谈起。要通过多个领域的制度改革，引导要素向需求层次更高的领域配置，推动供求平衡向高水平跃升。

供给侧结构性改革，是习近平经济思想的重要组成部分，是指导新时代中国经济发展的基本遵循，对建设现代化经济体系具有关键基础作用。当前，我国正处在经济恢复和产业升级的关键期，要找准深化供给侧结构性改革和着力扩大有效需求协同发力的着力点，持续推动经济实现质的有效提升和量的合理增长。

049 现代化经济体系

实现从站起来、富起来到强起来的伟大飞跃，基础在经济；经济强起来，关键在经济体系。党的十九大报告首次提出，要"贯彻新发展理念，建设现代化经济体系"①。建设现代化经济体系，是以习近平同志为核心的党中央纵观世界发展大势，紧密结合中国经济发展实际，从中华民族伟大复兴中国梦的高度所作出的科学决策。

习近平总书记指出："现代化经济体系，是由社会经济活动各个环节、各个层面、各个领域的相互关系和内在联系构成的一个有机整体。"②究其外延，主要包括七个部分：一是创新引领、协同发展的产业体系。这是现代化经济体系的基础和核心。二是统一开放、竞争有序的市场体系。这是现代化经济体系配置资源的主要机制。三是体现效率、促进公平的收入分配体系。这是现代化经济体系的激励和平衡机制。四是彰显优势、协调联动的城乡区域发展体系。这是现代化经济体系在空间布局方面的体现。五是资源节约、环境友好的绿色发展体系。这是现代化经济体系的生态环境基础。六是多元平衡、安全高效的全面开放体系。这是现代化经济体系与外部世界的联系机制。七是充分发挥市场作

①《习近平谈治国理政》第三卷，外文出版社 2020 年版，第 23 页。
②《习近平谈治国理政》第三卷，外文出版社 2020 年版，第 240—241 页。

用、更好发挥政府作用的经济体制。这是现代化经济体系的制度基础。

建设现代化经济体系，是主动顺应我国社会主要矛盾转化的战略选择。改革开放以来，我国社会生产力有了较大提升，人民生活水平有了较大改善。进入新世纪，我国工农业生产、基础设施、科技创新、市场建设也都取得长足进步，社会生产总体上已不再落后。而与此同时，人民对美好生活的需要日益增长。但现实发展中不平衡不充分问题也越来越突出，城乡、地区、不同群体之间居民收入差距仍然较大，产业、行业、企业分化的现象越来越明显，能源原材料等领域存在大量过剩产能，机械电子等领域技术升级面临较大制约，一些企业高负债、高库存运行的风险突出，劳动力、资源等成本上升问题日趋突出，扶贫脱贫、农业农村、生态保护、公共服务等方面的短板亟待弥补，人与自然不和谐矛盾依然突出。基于此，党中央强调，必须坚持创新、协调、绿色、开放、共享的新发展理念，统筹"五位一体"总体布局和"四个全面"战略布局，推动城乡、区域、经济社会协调发展，处理好经济发展和环境保护的关系，实现国内发展和对外开放良性互动。由此，建设现代化经济体系，成为不断提高经济发展质量效益的应有之义。

建设现代化经济体系，是推动我国经济由高速增长转向高质量发展的关键所在。从国内看，党的十八大以来我国经济发展进入新常态，经济增长由高速转为中高速，产业结构由中低端产业为主转为中高端产业发力，动能演化由传统动能当家转为新动能崛起。只有实现高质量发展，才能推动经济建设再上新台阶。因此，建设现代化经济体系，既是我国经济发展的战略目标，更是我们跨越关口的关键所在。大力推动科技创新和体制创新，坚定实施乡村振兴战略、区域协调发展战略，以"一带一路"为重点推动形成全方位对外开放格局，才能成功爬坡过坎、攻坚克难，才能实现更高质量、更有效率、更加公平、更可持续的发展。

建设现代化经济体系，是实现第二个百年奋斗目标，确保社会主义现代化强国目标如期实现的必然要求。习近平总书记指出："建设现代化经济体系是一篇大文章，既是一个重大理论命题，更是一个重大实践课题"[①]。在质量效益明显提升的基础上实现经济持续健康发展，推动现代化经济体系建设取得重大进展，必须坚持把发展经济着力点放在实体经济上，坚定不移建设制造强国、质量强国、网络强国、数字中国，推进产业基础高级化、产业链现代化，提高经济质量效益和核心竞争力。

党的二十届三中全会通过的《中共中央关于进一步全面深化改革、推进中国式现代化的决定》提出，要聚焦构建高水平社会主义市场经济体制，建成现代化经济体系。这不仅是新时代实现高质量发展的必然要求，也为新形势下建设现代化经济体系指明了方向。为此，必须全面贯彻创新、协调、绿色、开放、共享的新发展理念，加快建设现代化产业体系、经济体制、开放格局，着力建设现代化经济体系。

[①]《习近平谈治国理政》第三卷，外文出版社 2020 年版，第 240 页。

050 全国统一大市场

　　拥有超大规模且极具增长潜力的市场，是我国发展的巨大优势和应对变局的坚实依托。党的十八大以来，习近平总书记多次对建设全国统一大市场作出重要指示，党的十八届三中全会、十九大和十九届五中全会均作出相应部署。2022 年 3 月中共中央、国务院印发《关于加快建设全国统一大市场的意见》，明确了总体要求、主要目标和重点任务。党的二十大进一步强调："构建全国统一大市场，深化要素市场化改革，建设高标准市场体系。"① 我国要建设的"统一市场"，是由市场统一作为资源配置的决定性机制。简单说，构建全国统一大市场，就是要做到"五统一""一破除"，即通过统一的基础制度规则、统一联通的市场设施、统一的要素资源市场、统一的商品服务市场、统一的市场监管以及破除地方保护，建设高效规范、公平竞争、充分开放的超大规模市场。

　　构建全国统一大市场，是以习近平同志为核心的党中央从全局和战略高度作出的重大决策，对于以中国式现代化全面推进强国建设、民族复兴伟业具有重大意义。其一，构建全国统一大市场是构建高水平社会主义市场经济体制的内在要求。只有构建全国统一大市场，实现准入畅通、规则一致、设施联通和监管协同，才能扩大市场规模容量，在更大

① 《习近平著作选读》第一卷，人民出版社 2023 年版，第 24 页。

范围内深化分工协作、促进充分竞争、降低交易成本，提高市场配置资源的效率。其二，构建全国统一大市场是构建新发展格局的基础支撑。强大国内市场的形成与发展，能保持和增强对全球要素资源的吸引力，更好联通国内国际市场，实现国内国际双循环相互促进。其三，构建全国统一大市场是推动高质量发展的重要保障。当前我国经济面临有效需求不足等突出矛盾，构建全国统一大市场有利于拓展内需空间，激发市场活力，巩固和增强经济向好态势。

近年来，全国统一大市场建设取得明显成效，产权保护、市场准入、公平竞争、社会信用等市场经济基础制度加快健全，市场设施互联互通不断加强，要素资源流动更加顺畅，商品服务市场统一迈向更高水平，一批妨碍统一大市场和公平竞争的突出问题得到纠治，市场监管效能持续提升，市场规模效应日益显现。但同时，仍面临一些领域制度规则不完善、要素市场发育相对滞后、地方保护和市场分割屡禁不止等问题，亟待通过全面深化改革，推动我国市场由大到强转变。

党的二十届三中全会通过的《中共中央关于进一步全面深化改革、推进中国式现代化的决定》，进一步部署了构建全国统一大市场的重大改革举措。构建全国统一大市场涉及方方面面，要突出问题导向和目标导向，坚持标本兼治、长短结合、系统推进、重点突破，着力抓好以下几个方面：一是规范不当市场竞争和市场干预行为。公平竞争是市场经济的基本原则和建设全国统一大市场的客观要求，要清理和废除妨碍全国统一市场和公平竞争的各种规定和做法。二是强化统一的市场监管。针对监管规则不完善、执法尺度不一致、监管能力不匹配等问题，要提升市场综合监管能力和水平。三是完善要素市场制度和规则。要素市场是整个市场体系的基础，要推动生产要素畅通流动、各类资源高效配置、市场潜力充分释放。四是完善流通体制。流通是经济循环的"血脉"，要从技术支撑、规则标准、物流成本和能源管理等方面发力，促进生产要素在更大范围、更广领域的流通。五是加快培育完整内需体系。构建全国统一大市场，必须把超大规模市场优势和巨大内需潜力充分激发出来。

051　新质生产力

　　生产力是人类改造自然的能力，是推动社会进步的最活跃、最革命的要素，是人类社会存在和发展的基础，也是推动历史前进的决定力量。2023 年 9 月，习近平总书记在新时代推动东北全面振兴座谈会上，首次提出要加快形成新质生产力，增强发展新动能。2024 年 1 月，在二十届中共中央政治局第十一次集体学习时，习近平总书记指出："新质生产力是创新起主导作用，摆脱传统经济增长方式、生产力发展路径，具有高科技、高效能、高质量特征，符合新发展理念的先进生产力质态。"①2024 年政府工作报告把"大力推进现代化产业体系建设，加快发展新质生产力"放在政府工作任务的首位。

　　新质生产力概念的提出，既是对马克思主义生产力理论的重大创新和发展，也是新时代中国社会经济发展实践与理论创新相结合的成果。新质生产力中的"新质"就是一种"新的质态、新的形式"。这种具有"新的质态""新的形式"的生产力是相对于传统生产力而言的，是社会生产力经过量的不断积累发展到一定阶段产生质变的结果。新质生产力不是传统生产力的局部优化与规模扩张，而是由技术革命性突破、生产

---

① 《习近平在中共中央政治局第十一次集体学习时强调：加快发展新质生产力 扎实推进高质量发展》，《人民日报》2024 年 2 月 2 日第 1 版。

要素创新性配置、产业深度转型升级而催生的先进生产力，必将带来发展方式、生产方式的变革，推动我国社会生产力实现新的跃升。

新质生产力特点是创新，关键在质优，本质是先进生产力。其一，新质生产力的特点是创新。发展新质生产力要牢牢把握创新的时代脉搏，以生产力革新为支撑，以科技创新为动力，以产业创新为抓手，以创新培育"新质"，以创新引领未来。其二，新质生产力的关键在质优。新质生产力所带来的效率变革不仅是单个生产要素的效率提高，而是全要素生产率的提高，其所产生的动力变革来自科技创新这一核心推动力，通过提高供给体系质量和效率，将更多资源配置到高效率产业，实现效率变革，推动高质量发展。其三，新质生产力本质是先进生产力。所谓先进生产力，是指能够高效利用自然资源和社会资源，创造出具有高附加值、高技术含量、高质量和高效益的产品、服务和管理方式的生产力。先进生产力具有技术含量高、生产效率高、资源利用率高、生态环境友好等特征，是衡量国家经济发展水平和竞争力的重要标志。

发展新质生产力，对于我国应对复杂多变的国际国内环境和新时代全面推进我国经济高质量发展都具有重要意义。一方面，发展新质生产力是应对全球经济发展形势变化的必然要求。在当前的全球竞争中，航空航天、生物医药、信息通讯、人工智能、高性能计算、半导体等战略性新兴科技产业被视为衡量大国综合实力的关键领域。虽然我国在高科技领域已经取得很多成就，实现从"跟跑"到"并跑"，甚至在部分领域实现"领跑"，但一些关键核心领域仍存在着"卡脖子"问题，特别是高端智能设备的核心技术仍受制于人。另一方面，发展新质生产力是破解我国经济社会发展中存在问题的有效途径。改革开放以来，人口红利是我国发展的核心优势之一，然而，随着人口老龄化程度加深、劳动力成本上升和劳动力供给减少，这一优势正在发生转型。发展新质生产力，推动产业模式、业态、制度、管理的创新，推动数字经济的发展，能够更好地增强中国经济发展动能，促进经济持续健康发展和社会全面进步。

发展新质生产力，是推动高质量发展的内在要求和重要着力点。推动新质生产力发展，要加强原创性、颠覆性科技创新，着力营造良好的创新创业创造生态；要推进产业深度转型，加快完善现代化产业体系；要大力发展绿色低碳经济，推动发展方式绿色转型；要推进重点领域和关键环节改革，建立与新质生产力发展相适应的新型生产关系；要坚持因地制宜，打造各具特色、彰显优势、协调互动的新质生产力区域发展格局。

052 未来产业

　　未来产业是指由前沿技术驱动，当前处于孕育萌发阶段或产业化初期，具有显著战略性、引领性、颠覆性和不确定性的前瞻性产业。虽然尚处于孕育阶段或成长初期，但未来产业最具发展潜力，是面向未来并决定未来产业竞争力和区域经济实力的前瞻性产业，是影响未来发展方向的先导性产业，是支撑未来经济发展的主导产业。随着新一轮科技革命与产业变革突飞猛进，新兴技术持续涌现并加速向产业渗透，未来产业已成为世界主要国家重点布局的战略领域。

　　未来产业由前沿技术的突破所推动，是比战略性新兴产业更为超前布局的产业门类，具有广阔的发展前景。作为新质生产力的重要载体和现代化产业体系的重要组成部分，未来产业对于推动远期经济发展、提高在全球价值链中的分工地位、增强产业链安全都具有重要意义。对我国来说，大力发展未来产业，是引领科技进步、带动产业升级、培育新质生产力的战略选择，是新时期塑造国家竞争优势的重要举措。

　　早在 2014 年中央经济工作会议上，习近平总书记就提出要"探索未来产业发展方向"。随着我国经济由高速增长阶段转向高质量发展阶段，培育未来产业在我国建设现代化产业体系中的重要性持续提升。2021 年发布的"十四五"规划和 2035 年远景目标纲要中，提出"组织实施未来产业孵化与加速计划，谋划布局一批未来产业"的要求。2023 年 9 月，习近平总书记在黑龙江考察时强调，要"整合科技创新资源，引领发展战略性新兴产业和未来产业，加快形成新质生产力"①。2024 年 1 月，工业和信息化部会同教育部、科技部等六部门联合出台《关于推动未来产业创新发展的实施意见》，提出重点推进未来制造、未来信息、未来材料、未来能源、未来空间和未来健康等六大方向产业发展，到 2025 年部分领域达到国际先进水平、产业规模稳步提升、初步形成符合我国实际的未来产业发展模式等目标。2024 年 7 月，党的二十届三中全会通过的《中共中央关于进一步全面深化改革、推进中国式现代化的决定》明确指出，要加强新领域新赛道制度供给，建立未来产业投入增长机制。

当前，我国未来产业发展已取得诸多重要进展。比如，在各地先行先试的探索中，形成了一定的特色领域，区域布局逐渐清晰；在新一代移动通信、量子信息、人工智能、卫星互联网等领域超前布局，持续加快技术创新攻关，核心技术多点开花，接连取得重大突破；在创新驱动发展战略的引领下，"平台＋载体＋实验室"的产业创新体系正在逐步完善。

未来产业发展前景广阔、带动作用强、产业赋能能力强，同时也存在较大不确定性与市场失灵等问题。加快推进未来产业发展、培育新质生产力，需要加大支持力度，统筹下好"先手棋"。一是要集中力量创造颠覆性产业技术。颠覆性产业技术关系未来产业成败。为此，要加强

---

① 《习近平在黑龙江考察时强调：牢牢把握在国家发展大局中的战略定位 奋力开创黑龙江高质量发展新局面》，《人民日报》2023 年 9 月 9 日第 1 版。

科技创新特别是原创性、颠覆性科技创新。二是要加强政策引导和体制保障。未来产业尚处于孕育萌发或产业化初期的"幼小"阶段，不仅需要在供给侧帮助其加大研发投入、提升创新活力，也需要在需求侧为其提供市场支撑，推动科技创新成果产业化。三是要丰富未来产业的应用场景。市场是否认同关系未来产业能否发展壮大。可率先在数字政府、数字社会等领域试点创新人工智能、人形机器人、量子云、元宇宙等应用场景，为未来产业发展打下基础。四是要强化与未来产业匹配的内容创造。数字内容创造在推动人工智能、元宇宙、区块链等未来产业发展中发挥着润物无声的作用。可充分挖掘中华优秀传统文化资源，打造本土内容产品，也可丰富文化创意设计，引领数字文化娱乐高质量发展，还可将数字内容的"前沿性""潮流性"特性融入未来产业发展过程，提升未来产业的软实力，促进未来产业成为文化交流平台。

053 数字经济

在众多关于数字经济的定义中，有两个最具代表性，一个是2016年二十国集团杭州峰会发布的《二十国集团数字经济发展与合作倡议》提出的，"数字经济是指以使用数字化的知识和信息作为关键生产要素、以现代信息网络作为重要载体、以信息通信技术的有效使用作为效率提升和经济结构优化的重要推动力的一系列经济活动"[①]。另一个是2021年12月国务院印发的《"十四五"数字经济发展规划》提出的，"数字经济是继农业经济、工业经济之后的主要经济形态，是以数据资源为关键要素，以现代信息网络为主要载体，以信息通信技术融合应用、全要素数字化转型为重要推动力，促进公平与效率更加统一的新经济形态"[②]。二者均把数字经济看作一种新的经济形态，强调数字经济是通过数字技术或数字化的方式来驱动的，认为数据是一种决定经济投入产出的新的生产要素。

此外，国际货币基金组织将数字经济划分为狭义和广义两种，狭义的数字经济仅指在线平台及依存于平台的活动，广义的数字经济则指使

[①] 《G20数字经济发展与合作倡议》，载G20官网。
[②] 《国务院关于印发"十四五"数字经济发展规划的通知》（国发〔2021〕29号），载中华人民共和国中央人民政府网站。

用了数字化数据的活动。联合国贸易和发展会议将数字经济分为三类：核心的数字部门，即传统信息技术产业；狭义的数字经济，包含数字平台、共享经济、协议经济等新经济；广义的数字经济，包含电子商务、工业化 4.0、算法经济等。

1994 年中国正式接入国际互联网，进入互联网时代，开始了数字经济的发展。2003 年至 2015 年，随着中国互联网用户增长率持续保持两位数，以网络零售为代表的电子商务首先发力，带动数字经济由萌芽期进入新的发展阶段。2015 年至今，中国数字经济上升为国家战略。在一系列政策的推动下，中国数字经济规模不断扩大，对 GDP 增长的贡献率不断提升，吸纳就业的能力显著增强，为换挡阶段的中国经济提供了重要支撑。

发展数字经济对中国有着特殊意义：一方面，数字经济是中国经济高质量发展的新动能。进入新发展阶段，中国正在按照新发展理念加快构建新发展格局，数字经济和数字技术有助于实现发展模式从粗放式向集约式的转变，对于打通堵点、消除梗阻、建设全国统一大市场和畅通国内国际双循环具有极为重要的意义。另一方面，数字经济是引领国家创新战略的重要力量。数字经济本身就是新技术革命的产物，集中体现了创新的内在要求，也是推进供给侧结构性改革的重要抓手和构建信息时代国家竞争新优势的重要先导力量，将为中国参与下一轮国际竞争提供有利条件。

近年来，伴随着大数据、云计算、人工智能、区块链等技术的加速创新，数字经济正在成为重组全球要素资源、重塑全球经济结构、改变全球竞争格局的关键力量，给人类生产生活带来广泛而深刻的影响。科学把握新科技革命和产业变革的时与势、危与机，习近平总书记强调，数字经济健康发展有利于推动构筑国家竞争新优势，"当今时代，数字技术、数字经济是世界科技革命和产业变革的先机，是新一轮国际竞争重点领域，我们一定要抓住先机、抢占未来发展制高点"①。党的二十大报告强调："加快发展数字经济，促进数字经济和实体经济深度融合，打造具有国际竞争力的数字产业集群。"② 党的二十届三中全会通过的《中共中央关于进一步全面深化改革、推进中国式现代化的决定》指出："加快构建促进数字经济发展体制机制，完善促进数字产业化和产业数字化政策体系。"③

---

① 《习近平谈治国理政》第四卷，外文出版社 2022 年版，第 206 页。
② 《习近平著作选读》第一卷，人民出版社 2023 年版，第 25 页。
③ 《中共中央关于进一步全面深化改革、推进中国式现代化的决定》，人民出版社 2024 年版，第 11—12 页。

054 平台经济

　　平台经济是以互联网为平台提供各类生产生活服务的经济活动总称，是一种依托互联网平台，通过促成双方或多方供求之间的交易，收取恰当的费用或赚取差价而获得收益的商业模式。平台经济类型丰富，包括电商平台经济、社交媒体平台经济、搜索引擎平台经济、金融互联网平台经济、交通出行平台经济、物流平台经济、工业互联网平台经济等。

　　作为基于互联网平台的经济活动和经济关系，平台经济所依托的载体"平台"与传统只涉及买卖双方的单边交易市场不同。平台是一种为供需各方及相关主体提供连接、交互、匹配和价值创造的媒介组织，是一种基于数字化技术的新型资源配置方式，是一种能容纳两种或多种类型产销群体，并通过实现产销群体间博弈获取利润的双边或多边市场。通过平台，相隔千里的人们可以相互沟通、相互交易及进行高效分工、合作。

　　平台经济正在深刻地改变着各国的产业格局，改变了人们的生产、生活及消费行为。平台经济为传统经济注入了新活力，推动了产业结构优化升级，在更大范围内实现了全球连接、全球流动，引领社会朝着智能化方向发展。实践证明，平台经济已成为商品交易市场转型升级和创新发展的重要方向和途径，其将与商品流通有关的生产、流通和各种服务资源有效集聚，使交易和流通更加便利、快捷、精准、高效，进而带动全产业链升级和效率提升。

平台经济是我国数字经济的重要组成部分，是提高全社会资源配置效率、贯通国民经济循环各环节、提高国家治理体系和治理能力现代化水平的重要推动力量。党的十八大以来，我国大力实施发展数字经济和大数据等一系列重大战略，取得举世瞩目的成就。伴随数字经济发展，平台企业迅速发展壮大，在促进地方经济发展、推动技术进步、带动就业等方面发挥了积极作用。

我国是全球平台经济创新发展最为活跃的国家之一，平台经济发展有着巨大潜力和条件优势。但在国内外复杂严峻的背景下，平台经济原始创新能力薄弱、发展动力单一、创新生态萎缩、国际化水平受限、监管机制弹性不足等问题日益显著。对此，习近平总书记强调："我国平台经济发展正处在关键时期，要着眼长远、兼顾当前，补齐短板、强化弱项，营造创新环境，解决突出矛盾和问题，推动平台经济规范健康持续发展"①。

从构筑国家竞争新优势的战略高度出发，着眼建立健全规则制度，优化平台经济发展环境，2019 年 8 月，国务院办公厅印发《关于促进平台经济规范健康发展的指导意见》，提出了优化完善市场准入条件、创新监管理念和方式、鼓励发展平台经济新业态、优化平台经济

---

① 《习近平主持召开中央财经委员会第九次会议强调：推动平台经济规范健康持续发展 把碳达峰碳中和纳入生态文明建设整体布局》，《人民日报》2021 年 3 月 16 日第 1 版。

发展环境、切实保护平台经济参与者合法权益等五个方面的政策措施。2022年1月，国家发展改革委等部门又联合印发《关于推动平台经济规范健康持续发展的若干意见》，从发展和规范两方面作出部署，一方面，促进营造公平竞争、规范有序的市场环境，另一方面，支持和引导平台企业加大研发投入，夯实底层技术根基，改造提升传统产业，扶持中小企业创新，挖掘市场潜力，增加优质产品和服务供给，推动平台经济持续健康发展。

2024年7月，党的二十届三中全会通过的《中共中央关于进一步全面深化改革、推进中国式现代化的决定》指出，要"促进平台经济创新发展，健全平台经济常态化监管制度"①，对我国平台经济发展和监管提出了重要要求，为推动平台经济持续健康发展指明了方向。未来，随着平台经济在数字技术上不断增加投入，以及系统化、长期稳定、常态化的平台经济综合监管生态的形成和完善，平台经济将在促进经济高质量发展中发挥更重要作用，更多中国平台企业也将成为创新引领实体经济发展的重要力量。

---

① 《中共中央关于进一步全面深化改革、推进中国式现代化的决定》，人民出版社2024年版，第12页。

055 新型工业化

自 18 世纪 70 年代工业革命以来，工业化一直是世界经济发展的主题。即使在当今时代，发达国家的服务业已在其国民经济结构中占绝对优势，但近些年也在不断推进所谓"再工业化"。实际上，从全世界范围看，当今世界仍处于工业化不断深化的时代。可以说，工业是一个国家综合国力的体现，是经济增长的主引擎，也是技术创新的主战场。

近代以来，如何把中国这样一个落后的农业国建设成为一个发达的工业国，实现工业化，是众多仁人志士为之奋斗一生的伟大梦想。中国最早的工业化思想可以追溯到 1840 年鸦片战争失败之后以洋务运动为代表的近代工业思想，洋务运动标志着中国工业化的开端。尽管辛亥革命后中国也逐步形成了一些现代工业的基础，但几经战争破坏，到 1949 年几乎没有留给新中国多少工业化遗产。

我国真正意义上的大规模工业化进程是在新中国成立以后开启的。新中国成立以后，我国开始了伟大的社会主义工业化进程。1953—1957 年"第一个五年计划"取得巨大成功，其间布局的 156 个重点工业项目初步奠定了新中国工业化的基础。1953 年党的过渡时期总路线明确提出，要在相当长的一个时期内实现国家的社会主义工业化。经过近30 年的工业化建设，新中国逐步建立了独立的、比较完整的工业体系和国民经济体系，打下了较好的工业基础特别是重工业基础。

改革开放以后，我国的工业化进程进入中国特色社会主义工业化建设时期，工业化的战略重心逐步转向在配置资源中发挥市场作用、低成本出口导向、建设开放型经济、基于产业演进规律不断促进产业结构优化升级。2003 年，我国明确提出以信息化带动工业化、以工业化促进信息化、科技含量高、经济效益好、资源消耗低、环境污染少、人力资源优势得到充分发挥的新型工业化战略。经过不断探索，成功走出了一条科技含量高、经济效益好、资源消耗低、环境污染少的新型工业化道路。

在庆祝改革开放 40 周年大会上，习近平总书记指出："我国主要农产品产量跃居世界前列，建立了全世界最完整的现代工业体系，科技创新和重大工程捷报频传。我国基础设施建设成就显著，信息畅通，公路成网，铁路密布，高坝矗立，西气东输，南水北调，高铁飞驰，巨轮远航，飞机翱翔，天堑变通途。现在，我国是世界第二大经济体、制造业第一大国、货物贸易第一大国、商品消费第二大国、外资流入第二大国，我国外汇储备连续多年位居世界第一，中国人民在富起来、强起来的征程上迈出了决定性的步伐！"[1] 这是对中国这个当今世界工业大国国情最好的描述，也是对中国特色社会主义工业化道路取得的辉煌成就的最好概括。

在新时代，新型工业化是以新发展理念为引领的工业化。与以往单纯追求规模扩张的工业化不同，新型工业化必须完整、准确、全面

---

[1] 习近平：《在庆祝改革开放 40 周年大会上的讲话》，人民出版社 2018 年版，第 11—12 页。

贯彻新发展理念，把高质量发展的要求贯穿全过程，推动制造业实现质的有效提升和量的合理增长。党的十九大报告提出，"推动新型工业化、信息化、城镇化、农业现代化同步发展"。党的二十大报告强调："坚持把发展经济的着力点放在实体经济上，推进新型工业化，加快建设制造强国、质量强国、航天强国、交通强国、网络强国、数字中国。"①2023年9月，全国新型工业化推进大会召开，习近平总书记作出重要指示，强调"新时代新征程，以中国式现代化全面推进强国建设、民族复兴伟业，实现新型工业化是关键任务"②。这为我国新型工业化发展指明了前进方向、提供了根本遵循。

---

① 《习近平著作选读》第一卷，人民出版社2023年版，第25页。
② 《习近平就推进新型工业化作出重要指示强调：把高质量发展的要求贯穿新型工业化全过程 为中国式现代化构筑强大物质技术基础》，《人民日报》2023年9月24日第4版。

056 乡村振兴战略

改革开放之后，我国农村面貌发生了翻天覆地的变化，但是城乡二元结构没有根本改变，城乡发展差距不断拉大的趋势没有根本扭转。党的十八大以来，我国经济社会发展不断向上向好，而由于发展条件和能力的差异，农村仍然是建设社会主义现代化国家进程中必须要补齐的短板。习近平总书记指出："全面建设社会主义现代化国家，实现中华民族伟大复兴，最艰巨最繁重的任务依然在农村，最广泛最深厚的基础依然在农村。"[1] "中国要强，农业必须强；中国要美，农村必须美；中国要富，农民必须富。农业基础稳固，农村和谐稳定，农民安居乐业，整个大局就有保障，各项工作都会比较主动。"[2]

2017 年 10 月，党的十九大报告提出实施乡村振兴战略，要求"必须始终把解决好'三农'问题作为全党工作重中之重。要坚持农业农村优先发展，按照产业兴旺、生态宜居、乡风文明、治理有效、生活富裕的总要求，建立健全城乡融合发展体制机制和政策体系，加快推进农业

---

① 《习近平谈治国理政》第四卷，外文出版社 2022 年版，第 194 页。
② 中共中央文献研究室：《习近平关于社会主义经济建设论述摘编》，中央文献出版社 2017 年版，第 169—170 页。

农村现代化。"①这是对"三农"工作作出的新的重大战略部署，是新时期做好"三农"工作的重要遵循。其后，十九大、二十大党章都强调要实施乡村振兴战略和建设社会主义新农村。

为了举全党全国全社会之力，推动农业全面升级、农村全面进步、农民全面发展，谱写新时代乡村全面振兴新篇章，中共中央、国务院于2018年1月印发《关于实施乡村振兴战略的意见》，强调"实施乡村振兴战略，是党的十九大作出的重大决策部署，是决胜全面建成小康社会、全面建设社会主义现代化国家的重大历史任务，是新时代'三农'工作的总抓手"②《意见》还提出了实施乡村振兴战略的目标任务：到2020年，乡村振兴取得重要进展，制度框架和政策体系基本形成；到2035年，乡村振兴取得决定性进展，农业农村现代化基本实现；到2050年，乡村全面振兴，农业强、农村美、农民富全面实现。

"民族要复兴，乡村必振兴。"③实施乡村振兴战略，是党中央着眼克服农业农村短腿短板问题作出的战略安排，表明在全面建设社会主义现代化国家新征程中，要始终坚持把解决好"三农"问题作为全党工作重中之重，真正摆在优先位置。按照党的二十大的部署，加快建设农业强国，扎实推动乡村产业、人才、文化、生态、组织振兴，一是要全方位夯实粮食安全根基，确保中国人的饭碗牢牢端在自己手中；二是要发展乡村特色产业，拓宽农民增收致富渠道；三是要巩固拓展脱贫攻坚成

① 《习近平谈治国理政》第三卷，外文出版社2020年版，第25页。
② 中共中央党史和文献研究院：《十九大以来重要文献选编》（上），中央文献出版社2019年版，第157页。
③ 《习近平谈治国理政》第四卷，外文出版社2022年版，第192页。

果，增强脱贫地区和脱贫群众内生发展动力；四是要统筹乡村基础设施和公共服务布局，建设宜居宜业和美乡村；五是要巩固和完善农村基本经营制度，发展新型农村集体经济，发展新型农业经营主体和社会化服务，发展农业适度规模经营；六是要深化农村土地制度改革，赋予农民更加充分的财产权益；七是要保障进城落户农民合法土地权益，鼓励依法自愿有偿转让；八是要完善农业支持保护制度，健全农村金融服务体系。

057 区域协调发展战略

区域经济是国民经济体系的重要组成部分。我国国土辽阔，不同地区之间自然条件不同、资源禀赋各异、历史基础有别，因而长期存在较大发展差距。2016年1月，习近平总书记在省部级主要领导干部学习贯彻党的十八届五中全会精神专题研讨班上强调："下好'十三五'时期发展的全国一盘棋，协调发展是制胜要诀。""从当前我国发展中不平衡、不协调、不可持续的突出问题出发，我们要着力推动区域协调发展、城乡协调发展、物质文明和精神文明协调发展，推动经济建设和国防建设融合发展。"①这一重要讲话精神，为增强我国经济发展协同性指明了方向。

推进区域协调发展，能够推动各区域充分发挥比较优势，深化区际分工；能够促进要素有序自由流动，提高资源空间配置效率；能够缩小基本公共服务差距，使各地区群众享有均等化的基本公共服务；能够推动各地区依据主体功能定位发展，促进人口、经济和资源、环境的空间均衡，进而实现各区域更高质量、更有效率、更加公平、更可持续的发展。

着眼增强区域发展协同性、拓展区域发展新空间、推动建设现代化

---

① 《习近平谈治国理政》第二卷，外文出版社2017年版，第206页。

经济体系，习近平总书记强调："要加强区域政策协同配合，加强'一带一路'建设同京津冀协同发展、长江经济带发展等国家战略的对接，同西部开发、东北振兴、中部崛起、东部率先发展、沿边开发开放的结合，带动形成全方位开放、东中西部联动发展的局面。"[①]2017年10月，党的十九大报告进一步强调，要"实施区域协调发展战略"[②]。党的十九大在修改党章时，也将这一战略首次写入了党的根本大法。对此，二十大党章进行了重申。

区域协调发展战略，是以习近平同志为核心的党中央纵观世界发展大势，洞悉现代化发展规律，紧密结合中国式现代化发展实际所作出的重大战略部署。2022年10月，党的二十大报告在对"促进区域协调发展"进行部署时指出："推动西部大开发形成新格局，推动东北全面振兴取得新突破，促进中部地区加快崛起，鼓励东部地区加快推进现代化。支持革命老区、民族地区加快发展，加强边疆地区建设，推进兴边富民、稳边固边。推进京津冀协同发展、长江经济带发展、长三角一体化发展，推动黄河流域生态保护和高质量发展。"[③]

促进区域协调发展，增强区域发展的协同性、联动性、整体性，关键在深化改革和体制机制创新。一是要充分发挥市场机制作用。要清理废除妨碍统一市场和公平竞争的各种规定和做法，清除各种显性和隐性的市场壁垒，促进生产要素跨区域有序自由流动，提高资源配置效率和

① 中共中央文献研究室：《习近平关于社会主义经济建设论述摘编》，中央文献出版社 2017 年版，第 280 页。
② 《习近平谈治国理政》第三卷，外文出版社 2020 年版，第 26 页。
③ 《习近平著作选读》第一卷，人民出版社 2023 年版，第 26 页。

公平性，加快建立全国统一开放、竞争有序的市场体系。二是要创新区域合作机制。要按照优势互补、互利共赢的原则，支持开展多层次、多形式、多领域的区域合作，支持产业跨区域转移和共建产业园区等合作平台，鼓励创新区域合作的组织保障、规划衔接、利益协调、激励约束、资金分担、信息共享、政策协调和争议解决等机制。三是要完善区域互助机制。要完善发达地区对欠发达地区的对口支援制度，创新帮扶方式，加强教育、科技、人才等帮扶力度，增强欠发达地区自身发展能力，促进对口支援从单方受益为主向双方受益深化。四是要建立健全区际补偿机制。要建立健全流域上中下游生态保护补偿机制，依托重点生态功能区开展生态补偿示范区建设，健全资源开采地区与资源利用地区之间的利益补偿机制，加大对农产品主产区和重点生态功能区的转移支付力度，促进区际利益协调平衡。

058

宏观经济治理体系

党的十八大以来，以习近平同志为核心的党中央坚持稳中求进工作总基调，坚持以供给侧结构性改革为主线，引领我国经济治理取得显著成效。其中，宏观经济政策发挥了重要作用。通过在宏观领域注重调结构，在微观领域注重增强经济主体的活力，我国市场氛围与营商环境得到了持续改善，经济发展由高速增长阶段进入高质量发展阶段。与全球主要国家相比，近年来中国的经济增速下滑幅度是最小的，对世界经济增长的贡献率高居全球首位。

在不断创新完善宏观调控的过程中，我国形成了政府和市场结合、短期和中长期结合、跨周期和逆周期结合、总量和结构结合、国内和国际统筹、改革和发展协调的完备的宏观调控体系。推动经济实现质的有效提升和量的合理增长，需要进一步推动有效市场和有为政府更好结合，着力提升宏观经济治理的现代化水平。2020 年 5 月，中共中央、国务院《关于新时代加快完善社会主义市场经济体制的意见》提出"宏观经济治理"概念，指出要"完善宏观经济治理体制""进一步提高宏观经济治理能力"。2021 年 3 月发布的"十四五"规划纲要赋予"宏观调控"更加丰富的内涵，首次提出"目标优化、分工合理、高效协同的宏观经济治理体系"。这意味着，党中央将宏观经济政策框架纳入了国家治理体系和治理能力现代化全局中加以系统谋划。

党的二十大报告强调："健全宏观经济治理体系，发挥国家发展规划的战略导向作用，加强财政政策和货币政策协调配合，着力扩大内需，增强消费对经济发展的基础性作用和投资对优化供给结构的关键作用。"[①] "宏观经济治理体系"作为习近平经济思想的重要组成部分，是对宏观调控理念与思路的重要创新。在党的全国代表大会报告中予以提出，对于推动高质量发展、构建高水平社会主义市场经济体制具有极其重要的指导意义。

新的发展阶段，人民对美好生活的需求在提高，产业升级的动力来源在转换，对外经济合作交流的环境发生巨大变化，新的困难和挑战也随之而来。2024 年 5 月，习近平总书记在主持召开企业和专家座谈会时强调，进一步全面深化改革，要抓住主要矛盾和矛盾的主要方面。其中，明确提出健全宏观经济治理体系。2024 年 7 月，党的二十届三中全会通过的《中共中央关于进一步全面深化改革、推进中国式现代化的决定》对健全宏观经济治理体系作出专门部署，强调"科学的宏观调控、有效的政府治理是发挥社会主义市场经济体制优势的内在要求。必须完善宏观调控制度体系，统筹推进财税、金融等重点领域改革，增强宏观政策取向一致性"[②]。

就目标体系而言，宏观经济治理体系不仅兼顾了传统宏观调控关注的经济增长与经济结构等基本目标，而且囊括了民生保障与生态治理等

---

① 《习近平著作选读》第一卷，人民出版社 2023 年版，第 24 页。

② 《中共中央关于进一步全面深化改革、推进中国式现代化的决定》，人民出版社 2024 年版，第 17 页。

重点内容；就治理方式而言，宏观经济治理体系要求从全局出发、从系统出发，在多重治理目标中寻求动态平衡。面向新时代的宏观经济治理体系改革主要包括四个方面的目标：一是完善国家战略规划体系和政策统筹协调机制；二是深化财税体制改革；三是深化金融体制改革；四是完善实施区域协调发展战略机制。这四个方面的目标分别对应着与之匹配的政策工具。

<table><tr><td>059</td><td></td></tr></table>

科教兴国战略

科技兴则民族兴，教育强则国家强。新中国成立后，随着经济建设高潮的到来，一个文化建设的高潮也在到来。党和政府高度重视科学技术在建设事业中的重要作用，逐步形成比较完整的科研体系，确定了"教育必须为生产建设服务，为工农服务，学校向工农开门"的教育方针。1956 年年初，党中央发出了"向科学进军"的伟大号召，科技事业进入了一个有计划的蓬勃发展新阶段。

1977 年 8 月，邓小平在科学和教育工作座谈会上指出："我们国家要赶上世界先进水平，从何着手呢？我想，要从科学和教育着手。"[1]伴随着党的十一届三中全会带来的拨乱反正，1985 年 3 月，中共中央作出《关于科学技术体制改革的决定》，提出"经济建设必须依靠科学技术、科学技术工作必须面向经济建设"[2]；5 月，中共中央又作出《关于教育体制改革的决定》，提出"教育必须为社会主义建设服务，社会主义建设必须依靠教育"[3]。1988 年 9 月，邓小平更是把科学技术之于国家

---

[1]《邓小平文选》第二卷，人民出版社 1994 年版，第 48 页。

[2] 中共中央文献研究室：《十二大以来重要文献选编》（中），中央文献出版社 2011 年版，第 137 页。

[3] 中共中央文献研究室：《十二大以来重要文献选编》（中），中央文献出版社 2011 年版，第 187 页。

发展的重大意义提升到了前所未有的高度，振聋发聩地指出："马克思说过，科学技术是生产力，事实证明这话讲得很对。依我看，科学技术是第一生产力。"①

进入 20 世纪 90 年代，中国不断创造经济奇迹，但外延式、粗放型的经济增长方式暴露出许多问题，带来资源、人口等巨大压力。着眼于国家的长远发展大计，1995 年 5 月，中共中央、国务院作出《关于加速科学技术进步的决定》，首次提出实施科教兴国战略。《决定》指出："从现在起到二十一世纪中叶，是实现我国现代化建设三步走战略目标的关键历史时期。""必须依靠科技进步，大力解放和发展第一生产力，加速科技成果向现实生产力的转化，切实把经济建设转移到依靠科技进步和提高劳动者素质的轨道上来。"②《决定》还明确："科教兴国，是指全面落实科学技术是第一生产力的思想，坚持教育为本，把科技和教育摆在经济、社会发展的重要位置，增强国家的科技实力及向现实生产力转化的能力，提高全民族的科技文化素质，把经济建设转移到依靠科技进步和提高劳动者素质的轨道上来，加速实现国家的繁荣强盛。"③这就深刻揭示了科教兴国战略的丰富内涵。

2002 年，十六大党章在阐述社会主义初级阶段基本路线时强调："要抓紧时机，加快发展，实施科教兴国战略和可持续发展战略，充分发挥科学技术作为第一生产力的作用，依靠科技进步，提高劳动者素

① 《邓小平文选》第三卷，人民出版社 1993 年版，第 274 页。
② 中共中央文献研究室:《十四大以来重要文献选编》(中)，中央文献出版社 2011 年版，第 347—348 页。
③ 中共中央文献研究室:《十四大以来重要文献选编》(中)，中央文献出版社 2011 年版，第 348 页。

质，做到效益好、质量高、速度快，努力把经济建设搞上去。"①首次将"科教兴国战略"写入党章。

2013 年 10 月 23 日，习近平总书记在会见清华大学经济管理学院顾问委员会海外委员时指出："科教兴国已成为中国的基本国策。"②党的十八大以来，中国正向着教育强国、科技强国、人才强国的目标迈进。2022 年 10 月，二十大党章强调："要实施科教兴国战略、人才强国战略、创新驱动发展战略、乡村振兴战略、区域协调发展战略、可持续发展战略、军民融合发展战略，充分发挥科学技术作为第一生产力的作用，充分发挥人才作为第一资源的作用，充分发挥创新作为引领发展第一动力的作用，依靠科技进步，提高劳动者素质，促进国民经济更高质量、更有效率、更加公平、更可持续、更为安全发展。"③

---

① 本书编委会：《中国共产党历次党章汇编（1921—2022）》，中国方正出版社 2023 年版，第 443 页。
② 中共中央文献研究室：《习近平关于科技创新论述摘编》，中央文献出版社 2016 年版，第 113 页。
③《中国共产党章程》，人民出版社 2022 年版，第 6 页。

060 人才强国战略

千秋基业，人才为先。人从来都是科技创新活动中最活跃、最积极、最关键的因素，拥有创新意识和能力的科技人才已经成为现代经济发展中最有价值的核心资源。长期以来，中国共产党重视培养人才、团结人才、引领人才、成就人才，并着眼加快我国社会主义现代化建设，制定了建设人才强国的重大战略决策。

在 2003 年全国人才工作会议上，胡锦涛强调："全党同志必须从全局和战略的高度，充分认识实施人才强国战略的重要性和紧迫性，自觉增强大局意识和忧患意识，以高度的政治责任感和历史使命感，把实施人才强国战略作为党和国家一项重大而紧迫的任务抓紧抓好。"[1]2007 年党的十七大将人才强国战略与科教兴国战略、可持续发展战略确立为我国经济社会发展的三大国家战略，并写进了党章，这进一步提升了人才强国战略在党和国家战略布局中的地位。此后，党的十八大、十九大、二十大也都将人才强国战略写入党章。

2008 年开始，中央人才工作协调小组组织编制国家中长期人才发展规划纲要，提出进入世界人才强国行列战略目标，描绘了我国未来人才发展宏伟蓝图。中国特色社会主义进入新时代，以习近平同志为核心

---

[1]《胡锦涛文选》第二卷，人民出版社 2016 年版，第 124 页。

的党中央把加快建设人才强国摆到更加突出的位置，深刻回答了为什么建设人才强国、什么是人才强国、怎样建设人才强国的重大理论和实践问题，提出了一系列新理念新战略新举措，为加快建设人才强国进一步指明了方向、提供了遵循，推动新时代人才工作取得历史性成就、发生历史性变革。党的十九大报告特别强调："人才是实现民族振兴、赢得国际竞争主动的战略资源。要坚持党管人才原则，聚天下英才而用之，加快建设人才强国。"①

我国经济社会快速发展的实践充分证明，实施人才强国战略是实现国家富强、民族复兴的重大举措，是统筹推进"五位一体"总体布局和协调推进"四个全面"战略布局的重要保证。经过多年持续投入和不懈努力，目前我国已经拥有世界上最大规模的科技人才队伍，这是一个了不起的成就。

当前，我们比历史上任何时期都更接近实现中华民族伟大复兴的宏伟目标，也比历史上任何时期都更加渴求人才。2021 年 9 月，习近平总书记在中央人才工作会议上强调："要坚持党管人才，坚持面向世界科技前沿、面向经济主战场、面向国家重大需求、面向人民生命健康，深入实施新时代人才强国战略，全方位培养、引进、用好人才，加快建设世界重要人才中心和创新高地，为 2035 年基本实现社会主义现代化提供人才支撑，为 2050 年全面建成社会主义现代化强国打好人才基础。"②2022 年 10 月，党的二十大报告指出："教育、科技、人才是全面

---

① 《习近平谈治国理政》第三卷，外文出版社 2020 年版，第 50 页。

② 《习近平在中央人才工作会议上强调：深入实施新时代人才强国战略 加快建设世界重要人才中心和创新高地》，《人民日报》2021 年 9 月 29 日第 1 版。

建设社会主义现代化国家的基础性、战略性支撑。必须坚持科技是第一生产力、人才是第一资源、创新是第一动力，深入实施科教兴国战略、人才强国战略、创新驱动发展战略，开辟发展新领域新赛道，不断塑造发展新动能新优势。"[①]

按照"加快建设世界重要人才中心和创新高地"的战略谋划和党的二十大的部署，到 2025 年时，我国将在关键核心技术领域拥有一大批战略科技人才、一流科技领军人才和创新团队；到 2030 年时，我国将在主要科技领域有一批领跑者，在新兴前沿交叉领域有一批开拓者；到 2035 年时，我国国家战略科技力量和高水平人才队伍将位居世界前列。实现从人才大国到人才强国的转变，将为我国由经济大国向经济强国这一历史性跨越提供强有力的人才支撑。

---

① 《习近平著作选读》第一卷，人民出版社 2023 年版，第 27—28 页。

061 创新驱动发展战略

创新始终是推动一个国家、一个民族向前发展的重要力量，也是推动整个人类社会向前发展的重要力量。只有那些能够勇于变革，具有自主创新能力，而且能够在较短时间内把创新成果转化为产业，并且得到广泛推广应用的国家和民族，才能够在激烈的世界变革中胜出。

进入 21 世纪，我国经济逐步由高速增长阶段转向高质量发展阶段，要求必须加快从要素驱动发展为主向创新驱动发展转变。2012 年 7 月，党中央、国务院召开全国科技创新大会，提出了创新驱动发展战略。随后，党的十八大将这一战略明确写入大会的报告，强调"科技创新是提高社会生产力和综合国力的战略支撑，必须摆在国家发展全局的核心位置"[①]。习近平总书记指出："实施创新驱动发展战略决定着中华民族前途命运。没有强大的科技，'两个翻番'、'两个一百年'的奋斗目标难以顺利达成，中国梦这篇大文章难以顺利写下去，我们也难以从大国走向强国。全党全社会都要充分认识科技创新的巨大作用，把创新驱动发

---

① 中共中央文献研究室：《十八大以来重要文献选编》（上），中央文献出版社 2014 年版，第 17 页。

展作为面向未来的一项重大战略,常抓不懈。"①这就充分表明了我们党依靠创新实现经济社会更好更快发展的坚定决心和对科技创新的高度重视,为我们推动发展更多依靠创新驱动指明了方向。

党的十八大以来,以习近平同志为核心的党中央高度重视科技创新工作,准确把握世界科技创新发展新趋势,站在实现中华民族伟大复兴中国梦的高度,对实施创新驱动发展战略进行了整体谋划和布局。2016 年 5 月,十九届中共中央政治局常委会审议通过《国家创新驱动发展战略纲要》,提出创新驱动发展战略实施"三步走"战略目标:第一步,到 2020 年进入创新型国家行列,基本形成中国特色国家创新体系,有力支撑全面建成小康社会目标的实现;第二步,到 2030 年跻身创新型国家前列,发展驱动力实现根本转换,经济社会发展水平和国际竞争力大幅提升,为建成经济强国和共同富裕社会奠定坚实基础;第三步,到 2050 年建成世界科技创新强国,成为世界主要科学中心和创新高地,为我国建成富强民主文明和谐的社会主义现代化国家、实现中华民族伟大复兴的中国梦提供强大支撑。这就从顶层设计上为创新驱动发展战略描绘了蓝图,制定了时间表和路线图。

2017 年 10 月,党的十九大在修改的党章中写入了创新驱动发展战略,强调坚持以经济建设为中心,"要实施科教兴国战略、人才强国战略、创新驱动发展战略、乡村振兴战略、区域协调发展战略、可持续发

---

① 中共中央文献研究室:《习近平关于社会主义经济建设论述摘编》,中央文献出版社 2017 年版,第 128 页。

展战略、军民融合发展战略"①。二十大党章重申了这一要求，并进一步强调要"充分发挥科学技术作为第一生产力的作用，充分发挥人才作为第一资源的作用，充分发挥创新作为引领发展第一动力的作用"②。

中国式现代化关键在科技现代化，能不能如期全面建成社会主义现代化强国关键看科技能不能自立自强。2024年7月，党的二十届三中全会审议通过的《中共中央关于进一步全面深化改革、推进中国式现代化的决定》，对构建支持全面创新体制机制进行专章部署，提出要统筹推进教育科技人才体制机制一体改革，健全新型举国体制，提升国家创新体系整体效能。这既体现了党中央对科技创新的高度重视和殷切期盼，也为建设科技强国提供了科学指引。新征程上，我们必须牢牢把握创新驱动发展战略要求，进一步深化科技体制改革，充分激发创新创造活力、培育创新发展新动能，为全面推进中华民族伟大复兴提供坚强有力支撑。

① 本书编委会：《中国共产党历次党章汇编（1921—2022）》，中国方正出版社2023年版，第594页。

② 《中国共产党章程》，人民出版社2022年版，第6页。

062 新型举国体制

当今世界，科技发展正孕育着新的革命性变化。关键核心技术要不来、买不来、讨不来，通常具有开发周期长、投资大、风险高等特点，难以单纯依靠市场自发力量驱动出来。不断攀登世界科技高峰，就要始终站在时代的前列，以世界眼光迎接新科技革命带来的机遇和挑战，坚持把走中国特色自主创新道路作为科技创新的必由之路。

中国特色自主创新道路的最大优势就是社会主义制度能够集中力量办大事。习近平总书记指出："我国社会主义制度能够集中力量办大事是我们成就事业的重要法宝。我国很多重大科技成果都是依靠这个法宝搞出来的，千万不能丢了！"[1] 在社会主义革命和建设时期，我们依靠"举国体制"初步建立了国家的工业体系，开始了"向科学进军"，成功研发"两弹一星"等国之重器，实现了历史性超越。在改革开放和社会主义市场经济条件下，我们依然要发扬集中力量办大事的制度优势，主动抢占战略性新兴产业等关系未来发展的制高点。通过集中力量办大事，要力争在若干重要领域捷足先登，在重大科技创新上有所突破，带动我国创新能力和科技水平整体提升。

新时代以来，以习近平同志为核心的党中央审时度势，围绕发挥

---

① 《习近平谈治国理政》第一卷，外文出版社 2018 年版，第 126 页。

新型举国体制优势、推进科技自立自强作出一系列重大决策部署。党的十九届四中全会提出，构建社会主义市场经济条件下关键核心技术攻关新型举国体制。2022 年 9 月，十九届中央全面深化改革委员会第二十七次会议进一步明确，健全关键核心技术攻关新型举国体制，要把政府、市场、社会有机结合起来，科学统筹、集中力量、优化机制、协同攻关。党的二十大报告强调"完善党中央对科技工作统一领导的体制，健全新型举国体制"①。2024 年《政府工作报告》提出，要加快推动高水平科技自立自强。充分发挥新型举国体制优势，全面提升自主创新能力。

新型举国体制是面向国家重大需求，通过政府、市场、社会协同发力，推动稀缺性创新人才、资源向重大项目攻关任务精准配置的制度安排与组织方式，是我们攻克全球科技前沿问题、引领世界科技发展方向的重要法宝。新型举国体制的关键在"举国"，即强化党领导下的国家科技动员，但举国不仅是举政府和国家财政之力，也包括举市场多元主体、社会各界之力，综合各方面力量形成合力、协同发力；特点在"新型"，即主动适应新的时代条件、竞争形势和发展阶段，包括适应社会主义市场经济条件，适应国与国之间战略博弈激烈复杂的新型国际关系形势，适应我国进入构建新发展格局、推动高质量发展、全面推进中国式现代化的新发展阶段，等等。

2024 年 7 月，党的二十届三中全会通过的《中共中央关于进一步全面深化改革、推进中国式现代化的决定》将健全新型举国体制作为构建支持全面创新体制机制的重要内容进行统筹部署，充分体现了健全新

---

① 《习近平著作选读》第一卷，人民出版社 2023 年版，第 29 页。

型举国体制对我国加快实现高水平科技自立自强、建成科技强国的重要意义。我国有超大规模的市场支撑，有产业优化升级的迫切需求，有迈向高质量发展的坚定决心，这些都为科技创新提供了源源不断的动力。举全国之力，聚八方之智，更好发挥新型举国体制优势，我们一定能提升国家创新体系整体效能，打好关键核心技术攻坚战，把科技的命脉牢牢掌握在自己手中，不断提升我国发展独立性、自主性、安全性。

063 中国特色社会主义政治发展道路

政治发展道路是一个国家政治发展所选择的路径和模式。古今中外，由于政治发展道路选择错误而导致社会动荡、国家分裂、人亡政息的例子比比皆是。中国是一个发展中大国，选择和坚持正确的政治发展道路更是关系根本、关系全局的重大问题。

改革开放以来，我们党认真总结新中国社会主义民主政治建设正反两方面经验，在全力推进经济体制改革、推动经济社会发展的同时，从我国社会历史背景、经济发展水平、文化发展水平出发，稳步推进政治体制改革，逐步形成将"党的领导、人民当家作主、依法治国"有机统一起来的认识并付诸实践，成功开辟和坚持了中国特色社会主义政治发展道路，为实现最广泛的人民民主确立了正确方向。

中国特色社会主义政治发展道路有科学的指导思想。一个国家的政治发展道路总是在一定的理论指导下进行的。中国特色社会主义政治发展道路之所以正确，首先就在于坚持马克思列宁主义、毛泽东思想、邓小平理论、"三个代表"重要思想、科学发展观、习近平新时代中国特色社会主义思想的指导地位。科学的指导思想不仅保证我国政治发展的正确方向，而且是保证我国政治发展稳定的思想基础，是推动中国特色社会主义政治发展道路在理论和实践等各方面创新的源泉。

中国特色社会主义政治发展道路有严谨的制度安排。经过持续探索和不断完善，中国特色社会主义政治发展道路已经建立起一套适合中国国情、架构完备、设置科学、运转有效的制度模式。人民代表大会制度，从根本上保证人民在国家生活中的主人翁地位；中国共产党领导的多党合作和政治协商制度，最大限度地为发展中国特色社会主义凝聚力量；民族区域自治制度，形成各民族共同团结奋斗、共同繁荣发展的大好局面；基层群众自治制度，充分体现和保障人民当家作主。中国特色社会主义政治制度行之有效，具有强大的生命力，为实现人民民主提供了重要保证。

中国特色社会主义政治发展道路有明确的价值取向。人民当家作主是社会主义民主政治的本质和核心，这表明了中国特色社会主义政治发展道路最根本的价值取向。中国特色社会主义政治发展道路高扬人民民主的旗帜，以人民为中心，坚持将人民视为价值创造、价值评价和价值享有的主体。我们国家的名称是中华人民共和国，我们各级国家机关的名称也都冠以"人民"两字：最高国家权力机关和地方各级国家权力机关是人民代表大会，各级政府是人民政府，各级政协是人民政协，各级法院是人民法院，各级检察院是人民检察院。这一切都是以人民为中心的价值取向决定的。

中国特色社会主义政治发展道路有有效的实现形式。民主的实现形式不仅要看是否有选举投票的权利，也要看是否能够在日常的政治生活中持续参与，还要看是否全过程参与民主程序，参与民主选举、民主协商、民主决策、民主管理和民主监督。人民通过选举、投票行使权利和人民内部各方面在重大决策之前和决策实施之中进行充分协商，尽可能就共同性问题取得一致意见，是中国社会主义民主的两种重要形式。《中国的政党制度》白皮书指出："选举民主与协商民主相结合，是中国社会主义民主的一大特点。"

中国特色社会主义政治发展道路有可靠的推动力量。党的领导是中国特色社会主义政治发展的必然要求和政治前提，也是中国特色社会主义政治发展道路最可靠的推动力量。在新时代政治发展实践中，党的初心和使命，是中国特色社会主义政治建设的价值灵魂和中华民族伟大复兴的精神支柱；党的凝聚力、创造力、战斗力、领导力和号召力，是中国特色社会主义国家治理能力的政治渊源；党的建设新的伟大工程，是新时代中国特色社会主义建设和中华民族伟大复兴的牢固基石；党的治国理政战略方略、方针政策和能力本领，是新时代中国特色社会主义政治发展和国家治理现代化的核心要素。在依规治党与依法治国有机统一的基础上，以党的建设强力推进国家治理和人民民主，构成了中国特色社会主义政治发展的鲜明路径逻辑。

中国特色社会主义政治发展道路，是中国特色社会主义道路的重要组成部分，是中国共产党领导中国人民在长期实践中走出的一条符合我国国情、顺应时代潮流的正确之路，是为国家富强、民族振兴、人民幸福提供根本政治保障的成功之路。习近平总书记指出："中国社会主义民主政治具有强大生命力，中国特色社会主义政治发展道路是符合中国国情、保证人民当家作主的正确道路。"[①]

[①]《习近平谈治国理政》第二卷，外文出版社 2017 年版，第 288 页。

064　全过程人民民主

　　民主是全人类的共同价值，也是中国共产党和中国人民始终不渝坚持的重要理念。中国共产党一经诞生，就始终高举人民当家作主的旗帜，为实现人民当家作主进行不懈探索和奋斗。100 多年来，在党的领导下，中国人民真正成为国家、社会和自己命运的主人，人民当家作主的政治架构、经济基础、法律原则、制度框架得以确立并不断发展，民主发展的政治制度保障和社会物质基础也更加坚实。特别是党的十八大以来，以习近平同志为核心的党中央不断深化对中国民主政治发展规律的认识，将民主价值和理念进一步转化为科学有效的制度安排和具体现实的民主实践，中国的民主之路越走越宽广。

　　2021 年 7 月 1 日，在庆祝中国共产党成立 100 周年大会上，习近平总书记着眼团结带领中国人民不断为美好生活而奋斗，郑重提出"发展全过程人民民主"①的重大命题，为推进中国特色社会主义民主政治建设指明了方向。同年 10 月，在中央人大工作会议上，习近平总书记首次系统阐述了"全过程人民民主"的重大理念，指出："我国全过程人民民主实现了过程民主和成果民主、程序民主和实质民主、直接民主和间接民主、人民民主和国家意志相统一，是全链条、全方位、全覆盖

---

① 《习近平谈治国理政》第四卷，外文出版社 2022 年版，第 9 页。

的民主，是最广泛、最真实、最管用的社会主义民主。"①2022年10月，党的二十大报告将发展全过程人民民主纳入中国式现代化的本质要求，强调要"发展全过程人民民主，保障人民当家作主"②。二十大党章也指出："发展更加广泛、更加充分、更加健全的全过程人民民主"。③

全过程人民民主是全链条、全方位、全覆盖的民主。全链条，意味着民主选举、民主协商、民主决策、民主管理、民主监督等各个环节紧密结合、相互关联，人民不仅参与投票选举，还参与公共事务商议、国计民生重大决策、经济社会事务管理、公共权力运行监督等各个环节，通过多种渠道和途径依法行使民主权利，体现了民主的完整意义；全方位，意味着人民民主贯穿于中国共产党治国理政全部活动之中，覆盖国家治理的各环节，人民在经济建设、政治建设、文化建设、社会建设、生态文明建设等各领域享有广泛权利，彰显了中国特色社会主义民主的系统性、集成性和完整性；全覆盖，意味着坚持党的领导、人民当家作主、依法治国有机统一，以多样、畅通、有序的民主渠道，充分调动各地区、各民族、各方面、各阶层的积极性主动性创造性，充分发挥各级国家机关和武装力量、各政党和各社会团体、各企业事业组织的作用。

全过程人民民主是最广泛、最真实、最管用的社会主义民主。最广泛，是指生活在人民当家作主的社会主义国家，全体人民都是国家和社会的主人，都平等享有广泛的政治权利和自由，享有广泛持续深入参与政治生活的权利，有效避免了资本主义民主制度代表少数人、少数利益

---

① 《习近平谈治国理政》第四卷，外文出版社2022年版，第260—261页。

② 《习近平著作选读》第一卷，人民出版社2023年版，第30页。

③ 《中国共产党章程》，人民出版社2022年版，第7页。

集团的弊端；最真实，是指我国国家制度和治理体系具有坚持人民当家作主、发展人民民主、密切联系群众、紧紧依靠人民推动国家发展的显著优势，人民当家作主的权利有政治、制度和法律的保障；最管用，是指选举民主和协商民主这两种民主形式相辅相成、相得益彰，能够保障人民有序参加国家和社会治理，使人民群众的获得感、幸福感、安全感不断提升。

人民民主是社会主义的生命。没有民主就没有社会主义，就没有社会主义的现代化，就没有中华民族伟大复兴。全过程人民民主是我们党不断推进中国民主理论创新、制度创新、实践创新的经验结晶，丰富和拓展了中国特色社会主义民主政治的政治内涵、理论内涵、实践内涵，为新时代发展社会主义民主政治、建设社会主义政治文明提供了科学指引和根本遵循，也为人类政治文明发展作出了新贡献。

065 协商民主

社会主义协商民主，是在中国共产党领导下，人民内部各方面围绕改革发展稳定重大问题和涉及群众切身利益的实际问题，在决策之前和决策实施之中开展广泛协商，努力形成共识的重要民主形式。党的十九大报告指出："协商民主是实现党的领导的重要方式，是我国社会主义民主政治的特有形式和独特优势。"[1] 党的二十大报告强调："协商民主是实践全过程人民民主的重要形式。"[2] 选举民主与协商民主相结合，拓展了社会主义民主的深度和广度。经过充分的政治协商，既尊重了多数人的意愿，又照顾了少数人的合理要求，能够保障最大限度地实现人民民主，促进社会和谐发展。在我国，选举民主与协商民主相互补充、相得益彰，它们共同构成了中国特色社会主义民主政治的制度和优势。

回顾党领导人民进行革命、建设和改革的历史，早在新民主主义革命时期，我们党就大胆运用协商等形式建立广泛的统一战线，提出"几个革命阶级联合专政"的主张和长期与党外人士协商合作的理念，并进行"三三制抗日民主政权"建设，这是协商民主思想的萌芽和雏形。1949 年 9 月 21 日，中国人民政治协商会议第一届全体会议召开，标志

---

[1]《习近平谈治国理政》第三卷，外文出版社 2020 年版，第 29—30 页。
[2]《习近平著作选读》第一卷，人民出版社 2023 年版，第 31 页。

着协商民主这种新型民主形式开始在全国范围内实施。改革开放和社会主义现代化建设新时期，党的十三大提出社会协商对话制度的构想，把协商从政治领域扩展到整个社会生活领域，从国家层面的协商扩展到地方性的、基层群众组织，在实践中形成了民主恳谈会、听证会、社区议事会、网络协商等基层协商民主形式。

党的十八大翻开了社会主义协商民主建设的新篇章，十八大报告首次正式提出和确立了"社会主义协商民主"的概念，郑重作出"社会主义协商民主是我国人民民主的重要形式"①的论断。以习近平同志为核心的党中央围绕推进社会主义协商民主建设进行全面部署，进一步明确了社会主义协商民主的前进方向，推进协商民主在实践中不断发展，在发展中不断完善。

在总结我国协商民主成就和经验的基础上，党的十九大报告强调要"推动协商民主广泛、多层、制度化发展"②，党的二十大报告强调要"全面发展协商民主"③，而十九大、二十大党章也都强调要"推进协商民主广泛多层制度化发展"④。这是新时代社会主义协商民主建设的战略任务和基本路径。

习近平总书记指出："社会主义协商民主，应该是实实在在的、而不是做样子的，应该是全方位的、而不是局限在某个方面的，应该是全

---

① 中共中央文献研究室：《十八大以来重要文献选编》（上），中央文献出版社 2014 年版，第 21 页。

② 《习近平谈治国理政》第三卷，外文出版社 2020 年版，第 30 页。

③ 《习近平著作选读》第一卷，人民出版社 2023 年版，第 31 页。

④ 《中国共产党章程》，人民出版社 2022 年版，第 7 页。

国上上下下都要做的、而不是局限在某一级的。"① 为此，必须构建程序合理、环节完整的社会主义协商民主体系，确保协商民主有制可依、有规可守、有章可循、有序可遵。要继续加强政党协商；积极开展人大协商；扎实推进政府协商；充分发挥人民政协优势和作用；认真做好人民团体协商；稳步推进基层协商；探索开展社会组织协商。

2022 年 5 月 27 日，中共中央政治局审议通过《中国共产党政治协商工作条例》，强调："要坚持围绕中心、服务大局，聚焦凝聚共识，通过政治协商求同存异、聚同化异，在根本问题、重大问题上统一认识，把各方面力量紧密团结在党的周围，推动形成全面建设社会主义现代化国家、实现中华民族伟大复兴的强大合力。"② 发展社会主义协商民主，必须始终坚持党的领导、人民当家作主、依法治国有机统一，坚定不移走中国特色社会主义政治发展道路，绝不照搬西方政治模式。中国共产党的领导是中国特色社会主义最本质的特征，也是社会主义协商民主健康有序发展的根本保证。坚持和加强党的全面领导，将协商民主要求贯穿党和国家建设各领域各方面，确保协商有组织开展、有步骤实施、有计划进行，必将推动人民依法有效管理国家事务、管理经济和文化事业、管理社会事务，也必将对推动人类政治文明发展作出有益贡献。

---

① 《习近平谈治国理政》第二卷，外文出版社 2017 年版，第 297 页。
② 《中共中央政治局召开会议 审议〈中国共产党政治协商工作条例〉》，《人民日报》2022 年 5 月 28 日第 1 版。

066 中国特色社会主义法治道路

　　中国特色社会主义法治道路，是建设社会主义法治国家的唯一正确道路。习近平总书记指出："全面推进依法治国，必须走对路。如果路走错了，南辕北辙了，那再提什么要求和举措也都没有意义了。""具体讲我国法治建设的成就，大大小小可以列举出十几条、几十条，但归结起来就是开辟了中国特色社会主义法治道路这一条。"①

　　坚定不移走中国特色社会主义法治道路，是我们党深刻总结社会主义法治建设正反两方面经验得出的根本结论。新中国成立初期，我们党积极运用新民主主义革命时期根据地法制建设的成功经验，抓紧建设社会主义法治。1949 年 9 月中国人民政治协商会议第一届全体会议通过了具有临时宪法性质的《中国人民政治协商会议共同纲领》，1954 年我国第一部宪法正式颁布，确立了新中国的根本政治制度、经济制度和立法、行政、司法体制，初步奠定了社会主义法治基础。但由于新中国是在经历长期封建统治的基础上开始探索和建设社会主义法治的，加之20 世纪 50 年代后期党在指导思想上发生"左"的错误，逐渐对法制不那么重视了，特别是"文化大革命"十年使法制遭到严重破坏，付出了沉重代价。

---

① 《习近平谈治国理政》第二卷，外文出版社 2017 年版，第 113 页。

1978 年 12 月，党的十一届三中全会在重新确立马克思主义的思想路线、政治路线和组织路线的同时，明确提出了"为了保障人民民主，必须加强社会主义法制"的重要思想和"有法可依、有法必依、执法必严、违法必究"的指导方针，开启了中国社会主义法治建设的新时期。1997 年 9 月，党的十五大确立"依法治国"的基本方略和"建设社会主义法治国家"的奋斗目标，加快了全面落实依法治国、建设社会主义法治国家、建立中国特色社会主义法律体系的步伐。1999 年，"依法治国，建设社会主义法治国家"写入宪法。依法治国基本方略的确立，使中国特色社会主义法治建设进入了新阶段。党的十六大、十七大高举中国特色社会主义法治旗帜，继续推进依法治国基本方略的贯彻落实。到2010 年，中国特色社会主义法律体系基本形成。

党的十八大以来，以习近平同志为核心的党中央把"全面依法治国"纳入"四个全面"战略布局，并围绕全面推进依法治国形成了习近平法治思想，深刻回答了新时代中国特色社会主义法治建设的一系列重大理论和实践问题，确立了建设社会主义法治国家的新思路。党的十八届四中全会把新中国法治建设的历史成就和实践经验概括为"中国特色社会主义法治道路"，党的十九大进一步强调，坚持全面依法治国，必须"坚定不移走中国特色社会主义法治道路"[1]。中国特色社会主义法治建设的巨大成就，强烈彰显出我们党在科学总结历史经验基础上的道路自信、理论自信、制度自信和文化自信。2022 年 10 月，党的二十大首次把"中国特色社会主义法治道路"写入党章，指出中国共产党领导人民发展社会主义民主政治，要"走中国特色社会主义政治发展道

①《习近平谈治国理政》第三卷，外文出版社 2020 年版，第 18 页。

路、中国特色社会主义法治道路"①，为发展社会主义民主政治增添了新的内涵。

坚定不移走中国特色社会主义法治道路，指明了全面依法治国的正确方向，统一了全党全国各族人民的认识和行动。习近平总书记指出："在坚持和拓展中国特色社会主义法治道路这个根本问题上，我们要树立自信、保持定力。走中国特色社会主义法治道路是一个重大课题，有许多东西需要深入探索，但基本的东西必须长期坚持。"②这个"基本的东西"，就是坚持中国共产党的领导，坚持人民主体地位，坚持法律面前人人平等，坚持依法治国和以德治国相结合，坚持从中国实际出发。在这些方面，犹疑不得、动摇不得、丢弃不得。

① 《中国共产党章程》，人民出版社 2022 年版，第 7 页。
② 《习近平谈治国理政》第二卷，外文出版社 2017 年版，第 114 页。

067 文化强国

　　文化是一个国家、一个民族的灵魂，是人民的精神家园。在新民主主义革命时期，面对亡国灭种的现实危险，毛泽东就曾说过："我们不但要把一个政治上受压迫、经济上受剥削的中国，变为一个政治上自由和经济上繁荣的中国，而且要把一个被旧文化统治因而愚昧落后的中国，变为一个被新文化统治因而文明先进的中国。"①也正是因为有着中华民族在 5000 多年文明发展中孕育的中华优秀传统文化，有着在党和人民伟大斗争中孕育的革命文化和社会主义先进文化，党领导的革命、建设和改革才获得了强大的精神动力。

　　改革开放以来，为了增强文化软实力，建设文化强国，我们党进行了不懈探索。邓小平提出，要一手抓物质文明，一手抓精神文明，两手都要抓，两手都要硬。江泽民提出："有中国特色社会主义，是物质文明和精神文明协调发展，经济、政治、文化全面推进的社会主义。"②进入 21 世纪，在推动经济社会发展的同时，我们党顺应形势发展变化和人民群众精神文化需求，作出建设社会主义文化强国的重大战略决策。党的十六大报告提出，要在内容和形式上积极创新，不断增强中国特色

---

① 《毛泽东选集》第二卷，人民出版社 1991 年版，第 663 页。
② 《江泽民文选》第三卷，人民出版社 2006 年版，第 85 页。

社会主义文化的吸引力和感召力。大会还作出积极发展文化事业和文化产业的战略决策，要求"抓紧制定文化体制改革的总体方案"，决定实施中华文化"走出去"工程。胡锦涛指出："当今时代，文化在综合国力竞争中的地位日益重要。谁占据了文化发展制高点，谁就能够更好在激烈的国际竞争中掌握主动权。"①

2007 年 10 月，党的十七大从中国特色社会主义事业总体布局的高度，强调文化建设的重要战略地位，提出推动社会主义文化大发展大繁荣的目标要求。2011 年 10 月，党的十七届六中全会通过《中共中央关于深化文化体制改革、推动社会主义文化大发展大繁荣若干重大问题的决定》，阐明了中国特色社会主义文化发展道路，明确提出建设社会主义文化强国的目标，对新形势下社会主义文化建设作了全面部署，成为推进文化体制改革的纲领性文件。2012 年 11 月，党的十八大报告在设定全面建成小康社会和全面深化改革开放的目标时，提出要让"社会主义文化强国建设基础更加坚实"②。大会修改的党章强调："中国共产党领导人民发展社会主义先进文化。建设社会主义精神文明，实行依法治国和以德治国相结合，提高全民族的思想道德素质和科学文化素质，为改革开放和社会主义现代化建设提供强大的思想保证、精神动力和智力支持，建设社会主义文化强国。"③其后，十九大、二十大党章也重申了这一要求。

---

① 《胡锦涛文选》第二卷，人民出版社 2016 年版，第 538 页。
② 中共中央文献研究室：《十八大以来重要文献选编》（上），中央文献出版社 2014 年版，第 14 页。
③ 本书编委会：《中国共产党历次党章汇编（1921—2022）》，中国方正出版社 2023 年版，第 543 页。

2022 年 10 月，党的二十大报告指出："全面建设社会主义现代化国家，必须坚持中国特色社会主义文化发展道路，增强文化自信，围绕举旗帜、聚民心、育新人、兴文化、展形象建设社会主义文化强国，发展面向现代化、面向世界、面向未来的，民族的科学的大众的社会主义文化，激发全民族文化创新创造活力，增强实现中华民族伟大复兴的精神力量。"[①] 今天的中国已经踏上全面建设社会主义现代化国家新征程，前进的路上仍然会面临诸多问题挑战，化解这些矛盾挑战仍然需要发挥文化的力量。只有以马克思主义为指导，坚守中华文化立场，推动社会主义文化繁荣兴盛，建设社会主义文化强国，才能为中国特色社会主义事业发展提供源源不断的精神动力和力量源泉。

[①] 《习近平著作选读》第一卷，人民出版社 2023 年版，第 35 页。

068 中华优秀传统文化

"江河万里总有源，树高千尺也有根"。中华优秀传统文化是中华民族赖以生存的精神家园，是世界文明的瑰宝。2022 年 5 月，习近平总书记在十九届中共中央政治局第三十九次集体学习时的讲话中指出："中华优秀传统文化是中华文明的智慧结晶和精华所在，是中华民族的根和魂，是我们在世界文化激荡中站稳脚跟的根基"①。以根和魂比喻中华优秀传统文化，形象生动，意义深远，既赋予了中华优秀传统文化前所未有的战略高度，也强调了继承和弘扬中华优秀传统文化的重要程度。

"文化"，广义上是指人类在社会历史发展过程中所创造的物质财富和精神财富的总和，狭义上是指文学、艺术、教育、科学等精神财富。传统文化，是民族文明、风俗、精神的总称。传统文化内涵丰富，外延广泛，可以是独具特色的语言文字、陈列在博物馆里的展品、排列在书架上的文化典籍、影响人们行为的思维方式和行为准则，也可以是惠及世界的科技工艺……纵观人类历史发展可见，传统文化是历史积淀的结晶，也是人类文化继续发展的"台阶"和"垫脚石"。

---

① 《习近平在中共中央政治局第三十九次集体学习时强调：把中国文明历史研究引向深入 推动增强历史自觉坚定文化自信》，《人民日报》2022 年 5 月 29 日第 1 版。

　　中华优秀传统文化，是以中华民族为主体，在世代传承的社会生活中积淀形成的文化遗产，其体系相对完整，展现形式多样，是中华民族宝贵的精神财富和物质财富。具体来说，可以归纳总结为以下几个方面：一是以中国古代的数学、天文、中医、造纸、印刷、建筑等为代表的物质文化的诸多方面，其成就均已达到或是超越了当时世界一流水平；二是以儒家、释家、道家以及诸子百家思想为主要内容的精神文化，这些独具民族特色的价值观念、道德规范、思维方式，经过世代相传，已经成为现代文化的重要组成部分；三是古代人们在日常生活中形成的，集中反映了人们日常心理和社会意识的行为文化，其中以服饰文化、饮食文化、民居文化为主要代表，已被现代社会传承和发展；四是以"家国同构"为特征、以血缘宗法关系为纽带的古代制度文化，其深刻地影响着民族的价值理念、社会发展和国家进步。

　　历经五千年，中华优秀传统文化呈现出世代相传、独具民族特色且内容博大精深等鲜明特色。丰富的思想学说、经验智慧、道德传统与民族精神，直到今天，仍具有强大的生命力，是中华民族继往开来的宝贵精神财富。进入新时代，我们要激活中华优秀传统文化的活力基因，立足于这一文化根脉，让中华优秀传统文化在传承中接续发展，再创辉煌。

069 革命文化

　　马克思指出："革命是历史的火车头"。中国共产党人作为革命者，在 100 多年波澜壮阔的奋斗历程中，坚持以伟大自我革命引领伟大社会革命，塑造了马克思主义革命党的优良传统和品格特质，也铸就了革命文化。

　　革命文化是以"革命"为内涵属性的文化。在精神层面，主要表现为中国共产党和中国人民自五四运动以来在长期的实践斗争中，以马克思主义为指导，不断地融合、凝练而成的精神文化。在物质层面，主要表现为两类，一类是革命文化遗存，以众多革命文物遗址和文献为代表，如井冈山革命旧址群及与之相关的文献；另一类是革命文化符号，以体现革命意识形态的符号系统为代表，如革命刊物、票证、旗帜中的符号等。

　　革命文化的核心，是中国共产党与中国人民在革命、建设和改革各个历史时期形成的革命精神。五四运动前后，一批进步知识分子掀起了宣传新思潮、批判旧文化的思想浪潮。他们喊出反帝反封建的口号，这对马克思主义思想的传播以及中国共产党的诞生产生了积极的推动和影响，也催生了革命文化的萌芽。当俄国十月革命胜利的消息从北方传来，以李大钊为代表的革命者们敏锐地意识到了马克思主义的强大伟力，最终选择了它作为挽救民族危亡的思想武器。

新民主主义革命时期，中国共产党领导广大人民群众在同国内外反动派的斗争中，不屈不挠、前赴后继，形成了伟大建党精神、井冈山精神、长征精神、延安精神、西柏坡精神等一批具有代表性的革命文化，凸显了共产党人艰苦奋斗和追寻理想的精神风貌，打开了唤醒民众、开拓创新的历史局面，奠定了新民主主义革命文化的重要基础。

新中国成立后，我国进入社会主义革命和建设时期。然而一些帝国主义国家并不希望看到新中国的顺利成长。抗美援朝战争的胜利，极大地提升了民族自豪感，鼓舞了民族斗志。当时的物质条件极端匮乏，为打破国际封锁、开创社会主义建设新局面，中国人民战天斗地，自力更生、艰苦奋斗，形成了北大荒精神、"两弹一星"精神、大庆精神等革命文化。

改革开放和社会主义现代化建设新时期，社会主义市场经济建立，并逐步完善发展。这个时期形成了特区精神、抗洪精神、载人航天精神等，以"和谐""创新"为主题的革命文化不再是单一的表现方式，而是拓展为以理想信念教育、历史传统教育、道德法制教育为主要内容的"红色文化"。

革命文化承载着党的初心使命、凝结着党的独特标识、蕴含着党的精神基因，并且伴随着党领导革命、建设和改革的长期历史进程而积淀深厚、历久弥新，成为中国共产党人的精神家园。习近平总书记指出，革命文化是中国特色社会主义文化的重要组成部分。党的二十大报告强调："以社会主义核心价值观为引领，发展社会主义先进文化，弘扬革命文化，传承中华优秀传统文化"①。

当前，我国正处在全面建设社会主义现代化国家开局起步的关键时期，在面临新的战略机遇的同时，也面临着不少深层次矛盾，尤其是面临来自外部环境变化带来的严峻挑战。顺利推进中国式现代化，必须大力弘扬革命文化，振奋民族精神，激发全党全国人民干事创业的热情，发挥革命文化在中国式现代化历史进程中对人民群众的巨大凝聚作用和对经济、社会发展的强大推动作用。

---

① 《习近平著作选读》第一卷，人民出版社 2023 年版，第 35—36 页。

070 社会主义先进文化

　　中国共产党是有着高度文化自觉和文化自信的马克思主义政党。100 多年来，我们党总是以思想文化上的觉醒、觉悟和坚定信念来探索历史规律、把握前进方向、凝聚奋斗力量、推动事业发展。早在 1940 年，毛泽东就提出建立民族的、科学的、大众的新民主主义文化。新中国成立后，新民主主义文化逐步发展为社会主义先进文化。

　　社会主义先进文化，就是以马克思主义为指导，继承和弘扬中华优秀文化传统和五四运动以来形成的革命文化传统，吸收借鉴世界优秀文化成果，集中体现全国各族人民在新的历史条件下的精神追求，始终代表着当代中国发展前进方向的文化。

　　社会主义先进文化具有鲜明的科学性。一是指导思想科学。马克思列宁主义、毛泽东思想和中国特色社会主义理论体系是建设社会主义先进文化的根本指导思想。马克思列宁主义是人类优秀文化成果的精华，深刻揭示了人类社会发展的一般规律。毛泽东思想和中国特色社会主义理论体系是马克思主义中国化的理论成果，是我们党不懈探索共产党执政规律、社会主义建设规律、人类社会发展规律的理论结晶。二是发展方向科学。我们党在革命、建设和改革的历史进程中，坚持把马克思主义基本原理同中国具体实际相结合、同中华优秀传统文化相结合，同时吸取外国文化有益成果，创造了崭新的社会主义先进文化。社会主义先进文化是贯通古今、融汇中外的思想文化结晶，代表着人类文化的前进方向。三是核心价值观科学。社会主义核心价值观是社会主义先进文化的精髓，它坚持一元性与多样性、先进性和广泛性的有机统一，体现了当代中国社会在价值观上的"最大公约数"，让社会主义先进文化永葆生机与活力。

社会主义先进文化具有鲜明的时代性。社会主义先进文化是面向现代化、面向世界、面向未来，民族的、科学的、大众的文化。新中国成立以来，社会主义先进文化建设依据时代的发展不断向纵深推进，取得丰硕文化成果，极大地丰富了人民群众的精神文化生活，增强了中国人民的文化自信。同时，社会主义先进文化具有鲜明的时代性，还因为它植根于中国特色社会主义伟大实践。改革开放以来，我们党以我们正在做的事情为中心，坚持走中国特色社会主义文化发展道路，凝聚中国特色社会主义共同理想，建设社会主义核心价值体系，培育和践行社会主义核心价值观，不断推动文化事业和文化产业发展，赋予社会主义先进文化以崭新的时代内涵。

社会主义先进文化具有鲜明的人民性。社会主义先进文化是为了人民、服务人民的文化，不断满足人民群众的精神文化需求是社会主义先进文化发展的内在要求。它着力满足人民群众日益增长的多层次、多方面、多样化的精神文化需求，其服务对象是人民群众，其价值指向是提高人民群众的思想道德素质和科学文化水平、最终实现人的全面发展。同时，社会主义先进文化将人民群众作为建设主体。实践中，人民群众不仅直接参与文化建设，创造出大量先进文化成果，而且人民群众丰富多彩的社会生活实践为各种专业人才的文化创造提供了宝贵素材和源头活水。此外，社会主义先进文化始终面向人民群众，富含群众喜闻乐见的形式和内容，为人民群众提供了健康向上、品质优良的公共文化产品和服务。

社会主义先进文化是国家软实力的重要内容，是文化强国建设的重要标志。改革开放 40 多年来，在全党全国各族人民的共同努力下，我国创造了举世瞩目的成就，充分证明了社会主义先进文化不断发展的生命力特征。习近平总书记指出："我们要立足中国，面向现代化、面向世界、面向未来，巩固马克思主义在意识形态领域的指导地位，发展社会主义先进文化，加强社会主义精神文明建设，把社会主义核心价值观融入社会发展各方面，推动中华优秀传统文化创造性转化、创新性发展，不断提高人民思想觉悟、道德水平、文明素养，不断铸就中华文化新辉煌。"①

---

① 《习近平著作选读》第二卷，人民出版社 2023 年版，第 164 页。

071 "两个结合"

　　马克思主义是科学的世界观和方法论，始终在中国革命、建设和改革事业中发挥着重要指导作用。中国共产党成立 100 多年来，无论在实践中还是在理论上，都在努力探索把马克思主义基本原理同中国具体实际相结合、同中华优秀传统文化相结合，不断推进马克思主义中国化时代化，使马克思主义在中国落地生根、枝繁叶茂。

　　2021 年 7 月 1 日，在庆祝中国共产党成立 100 周年大会上，习近平总书记提出"两个结合"，指出在新的征程上，我们必须坚持"把马克思主义基本原理同中国具体实际相结合、同中华优秀传统文化相结合，用马克思主义观察时代、把握时代、引领时代，继续发展当代中国马克思主义、21 世纪马克思主义"①。

　　党的二十大报告科学阐述了"第二个结合"，并强调："只有把马克思主义基本原理同中国具体实际相结合、同中华优秀传统文化相结合，坚持运用辩证唯物主义和历史唯物主义，才能正确回答时代和实践提出的重大问题，才能始终保持马克思主义的蓬勃生机和旺盛活力。"②党的二十大报告还揭示了中华优秀传统文化的基本理念及其思想来源，揭示

---

① 《习近平谈治国理政》第四卷，外文出版社 2022 年版，第 10 页。
② 《习近平著作选读》第一卷，人民出版社 2023 年版，第 14 页。

了其同科学社会主义价值观主张的高度契合性，揭示了把马克思主义基本原理同中华优秀传统文化相结合的路径、方法与方向，指明了理论目标与实践目标。

在 2023 年 6 月召开的文化传承发展座谈会上，习近平总书记从前提、结果、道路根基、创新空间、文化主体性五个方面，揭示了"两个结合"的科学内涵和重大意义，也揭示了建设中华民族现代文明与"两个结合"的关系。

"结合"的前提是彼此契合。"结合"不是硬凑在一起的。马克思主义和中华优秀传统文化来源不同，但彼此存在高度的契合性。因为相互契合，所以才能有机结合。正是在这个意义上，我们才说中国共产党既是马克思主义的坚定信仰者和践行者，又是中华优秀传统文化的忠实继承者和弘扬者。

"结合"的结果是互相成就。"结合"不是"拼盘"，不是简单的"物理反应"，而是深刻的"化学反应"，造就了一个有机统一的新的文化生命体。"第二个结合"让马克思主义成为中国的，中华优秀传统文化成为现代的，让经由"结合"而形成的新文化成为中国式现代化的文化形态。

"结合"筑牢了道路根基。我们的社会主义为什么不一样？为什么能够生机勃勃、充满活力？关键就在于中国特色。中国特色的关键就在于"两个结合"。"第二个结合"让中国特色社会主义道路有了更加宏阔深远的历史纵深，拓展了中国特色社会主义道路的文化根基。

"结合"打开了创新空间。"结合"本身就是创新，同时又开启了广阔的理论和实践创新空间。"第二个结合"让我们掌握了思想和文化主动，并有力地作用于中国特色社会主义道路、理论和制度。"第二个结合"是又一次的思想解放，让我们能够在更广阔的文化空间中，充分运用中华优秀传统文化的宝贵资源，探索面向未来的理论和制度创新。

"结合"巩固了文化主体性。文化自信就来自我们的文化主体性。这一主体性是中国共产党带领中国人民在中国大地上建立起来的；是在创造性转化、创新性发展中华优秀传统文化，继承革命文化，发展社会主义先进文化的基础上，借鉴吸收人类一切优秀文明成果的基础上建立起来的；是通过把马克思主义基本原理同中国具体实际、同中华优秀传统文化相结合建立起来的。

"两个结合"发展了唯物史观的社会发展动力理论，发展了马克思主义的方法论，拓宽了中国式现代化的道路，凸显了中国特色社会主义。对于中华民族现代文明来说，"两个结合"，特别是"第二个结合"，是发展动力、方法、路径、特征。如果没有"两个结合"，就无从建设中华民族现代文明，也建不成中华民族现代文明。

072 社会主义核心价值体系

　　新中国成立以来，中国共产党在带领人民艰辛探索社会主义建设道路的过程中，不断深化着对社会主义文化建设特别是意识形态建设的认识。无论形势怎样变化，我们党都始终把马克思主义作为根本指导思想，毫不动摇地坚持马克思主义在意识形态领域的指导地位，强调决不搞指导思想多元化。改革开放以来，面对中国特色社会主义建设过程中的各种困难和挑战，我们党一直强调要在全体人民中牢固树立中国特色社会主义共同理想。进入新世纪新阶段，为提高我国文化软实力和综合国力，我们党提出要大力弘扬以爱国主义为核心的民族精神和以改革创新为核心的时代精神。与此同时，汲取我国传统荣辱观的精华，我们党又提出了以"八荣八耻"为主要内容的社会主义荣辱观。

　　总结新中国成立以来特别是改革开放以来我国社会主义意识形态建设的历史经验，顺应人民群众对社会主义精神文明建设的新要求，2006年10月召开的党的十六届六中全会第一次明确提出建设社会主义核心价值体系的重大命题。大会通过的《中共中央关于构建社会主义和谐社会若干重大问题的决定》指出："马克思主义指导思想，中国特色社会主义共同理想，以爱国主义为核心的民族精神和以改革创新为核心的时代精神，社会主义荣辱观，构成社会主义核心价值体系的基本内容."①在社会主义核心价值体系之中，灵魂是作为指导思想的马克思主义，主题是中国特色社会主义共同理想，精髓是民族精神和时代精神，基础是社会主义荣辱观。

2007年10月，党的十七大报告强调："社会主义核心价值体系是社会主义意识形态的本质体现。要巩固马克思主义指导地位，坚持不懈地用马克思主义中国化最新成果武装全党、教育人民，用中国特色社会主义共同理想凝聚力量，用以爱国主义为核心的民族精神和以改革创新为核心的时代精神鼓舞斗志，用社会主义荣辱观引领风尚，巩固全党全国各族人民团结奋斗的共同思想基础。"②2012年11月，党的十八大报告指出："社会主义核心价值体系是兴国之魂，决定着中国特色社会主义发展方向。要深入开展社会主义核心价值体系学习教育，用社会主义核心价值体系引领社会思潮、凝聚社会共识。"③报告还正式提出"社会主义核心价值观"的概念，指出"倡导富强、民主、文明、和谐，倡导自由、平等、公正、法治，倡导爱国、敬业、诚信、友善，积极培育和践行社会主义核心价值观"④。这"三个倡导"，分别从国家层面、社会层面和个人层面，高度凝练和概括了社会主义核心价值观的基本内容。与

---

① 中共中央文献研究室：《十六大以来重要文献选编》（下），中央文献出版社2011年版，第661页。

② 中共中央文献研究室：《十七大以来重要文献选编》（上），中央文献出版社2009年版，第26页。

③ 中共中央文献研究室：《十八大以来重要文献选编》（上），中央文献出版社2014年版，第24页。

④ 中共中央文献研究室：《十八大以来重要文献选编》（上），中央文献出版社2014年版，第25页。

之相一致，党的十八大修改的党章提出要"加强社会主义核心价值体系建设"①。十九大、二十大党章都重申了这一要求，并进一步提出要"培育和践行社会主义核心价值观"②。

对一个政党、一个国家、一个民族而言，共同思想道德基础是其赖以存在和发展的根本前提。建设社会主义核心价值体系，必将进一步坚定人们对马克思主义和共产主义的信仰、对中国特色社会主义的信念、对实现中华民族伟大复兴的信心，从而能够把千千万万为创造美好未来奋斗的人们团结在一起。

---

① 本书编委会：《中国共产党历次党章汇编（1921—2022）》，中国方正出版社 2023 年版，第 543 页。

② 本书编委会：《中国共产党历次党章汇编（1921—2022）》，中国方正出版社 2023 年版，第 8 页。

073 意识形态工作领导权

意识形态是一定社会反映特定阶级或集团利益及要求的思想体系，主要包括哲学、艺术、道德、宗教、政治法律思想等基本形式。在阶级社会，意识形态具有鲜明的阶级属性和政治属性，都是为一定阶级、一定政治制度服务的。所以，马克思、恩格斯在《德意志意识形态》中说："统治阶级的思想在每一时代都是占统治地位的思想。"[①]

在人类社会发展史上，自马克思主义诞生以来，国际意识形态领域就一直存在着马克思主义与反马克思主义、无产阶级与资产阶级、社会主义与资本主义两大思想体系的斗争。随着苏联的建立，"一球两制"成为事实，以美国为首的西方资本主义国家针对社会主义国家的意识形态斗争变得愈加激烈。冷战结束意味着两极争霸局面的结束，但并不意味着意识形态斗争的结束。我们在社会制度、意识形态等方面都与西方国家完全不同，这就决定了我们同西方国家的斗争和较量是不可调和的，因而必然是长期的、复杂的、有时甚至是十分尖锐的。可以说，只要社会主义和资本主义这两种社会制度同时存在，意识形态领域的斗争就不会终结，我们必须始终高度警惕中国特色社会主义发展进程被打断的危险。

[①]《马克思恩格斯文集》第一卷，人民出版社 2009 年版，第 580 页。

意识形态工作是党的一项极端重要的工作，事关党的执政安全和国家长治久安。根据马克思主义基本原理，党是无产阶级的先锋队和无产阶级组织的最高形式，党对各领域、各方面、各环节的工作都要进行领导。特别是在意识形态工作方面，必须落实意识形态工作责任制，加强阵地建设和管理，建设具有强大凝聚力和引领力的社会主义意识形态。为此，十九大、二十大党章都强调，要"牢牢掌握意识形态工作领导权，不断巩固马克思主义在意识形态领域的指导地位，巩固全党全国人民团结奋斗的共同思想基础"①。党的二十大报告指出："意识形态工作是为国家立心、为民族立魂的工作。牢牢掌握党对意识形态工作领导权，全面落实意识形态工作责任制，巩固壮大奋进新时代的主流思想舆论。"②

在中国共产党人的精神生活中，马克思主义是命脉和灵魂，必须捍卫。虽然在社会变革和对外开放不断扩大的条件下，意识形态工作发生了很大变化，但其根本任务没有变。习近平总书记指出："宣传思想工作就是要巩固马克思主义在意识形态领域的指导地位，巩固全党全国人民团结奋斗的共同思想基础。"③这一重要论断，深刻概括了宣传思想工作的根本任务，明确指出了做好新时期宣传思想工作特别是意识形态工作的努力方向。

党的二十大报告指出："只有把马克思主义基本原理同中国具体实

---

① 本书编委会：《中国共产党历次党章汇编（1921—2022）》，中国方正出版社 2023 年版，第 9 页。

② 《习近平著作选读》第一卷，人民出版社 2023 年版，第 36 页。

③ 《习近平谈治国理政》第一卷，外文出版社 2018 年版，第 153 页。

际相结合、同中华优秀传统文化相结合，坚持运用辩证唯物主义和历史唯物主义，才能正确回答时代和实践提出的重大问题，才能始终保持马克思主义的蓬勃生机和旺盛活力。"[①] 在思想文化多元多样的当今中国，巩固马克思主义在意识形态领域的一元指导地位，必须不断推进马克思主义中国化时代化。要坚持理论联系实际的马克思主义学风，以我国改革开放和现代化建设的实际问题、以我们正在做的事情为中心，着眼于马克思主义理论的运用，着眼于对实际问题的理论思考，着眼于新的实践和新的发展，使马克思主义在坚持的基础上不断吸取新经验、新思想，不断向前发展。

---

① 《习近平著作选读》第一卷，人民出版社 2023 年版，第 14 页。

074 网络综合治理体系

网络是人民群众普遍使用的工具，是推动经济社会科技文化发展的重要力量。当前，互联网已成为意识形态斗争的主阵地、文化繁荣发展的新空间、亿万民众精神生活的新家园。健全网络综合治理体系，推动形成良好网络生态，既是落实党管互联网原则的政治要求，也是营造清朗网络空间的治本之策。

一方面，健全网络综合治理体系是维护意识形态安全和政治安全的必然要求。习近平总书记指出："过不了互联网这一关，就过不了长期执政这一关"[①]。能否在互联网这个战场上顶得住、打得赢，直接关系国家政治安全。只有健全网络综合治理体系，才能不断加强和完善党对互联网领导，始终保证网信事业沿着正确方向前进；才能有力维护意识形态安全、政治安全乃至整个国家安全的有效支撑；才能通过构建多主体参与治网格局，打击各种违法不良信息，抵制各种错误思潮，牢牢掌握网上舆论斗争主动权话语权。

另一方面，健全网络综合治理体系是实现国家治理体系和治理能力现代化的重要支撑。习近平总书记指出："网络空间是亿万民众共同的精神家园。网络空间天朗气清、生态良好，符合人民利益。网络空间

---

① 《习近平谈治国理政》第三卷，外文出版社 2020 年版，第 317 页。

乌烟瘴气、生态恶化，不符合人民利益。"①当今时代，互联网已经深度融入经济社会各领域，网络治理已成为信息时代国家治理的新内容新领域。健全网络综合治理体系，运用云计算、大数据、人工智能等信息技术助推社会治理提质增效，是实现国家治理体系和治理能力现代化的重要内容，也是提高网络治理系统化、科学化、社会化、法治化水平的基本前提。

党的十八大以来，以习近平同志为核心的党中央准确把握信息时代发展潮流，加强对治网管网工作的总体布局和统筹谋划，作出了建立健全网络综合治理体系的重大部署。党的十九大提出"建立网络综合治理体系"，党的十九届四中全会要求"建立健全网络综合治理体系"，党的二十大强调"健全网络综合治理体系，推动形成良好网络生态"②。

2024年7月，党的二十届三中全会通过的《中共中央关于进一步全面深化改革、推进中国式现代化的决定》指出："健全网络综合治理体系。深化网络管理体制改革，整合网络内容建设和管理职能，推进新闻宣传和网络舆论一体化管理。完善生成式人工智能发展和管理机制。加强网络空间法治建设，健全网络生态治理长效机制，健全未成年人网络保护工作体系。"③这是新形势下深入实施网络强国战略、以信息化赋能中国式现代化的重要举措，是加强和改进意识形态工作、促进社会主义文化繁荣发展的重要举措。

---

① 《习近平谈治国理政》第二卷，外文出版社2017年版，第336页。

② 《习近平著作选读》第一卷，人民出版社2023年版，第36页。

③ 《中共中央关于进一步全面深化改革、推进中国式现代化的决定》，人民出版社2024年版，第34页。

　　健全网络综合治理体系是一项综合性、系统性、基础性工程，应持续深化互联网领导管理、正能量传播、内容管控、协同治网、依法治网、技术治网体系建设，着力推动网络治理由事后管理向过程治理转变、多头管理向协同治理转变，实现网上网下一体化治理。

075 社会主义和谐社会

社会和谐是我们党不懈奋斗的目标，是中国特色社会主义的本质属性，也是国家富强、民族振兴、人民幸福的重要保证。"构建社会主义和谐社会是建设中国特色社会主义的重大战略任务，是对我们党执政能力的重大考验。"①

新中国成立以来特别是党的十一届三中全会以来，我们党积极推动经济发展和社会全面进步，为促进社会和谐进行了不懈努力。党的十六大之后，从中国特色社会主义事业总体布局和全面建设小康社会奋斗目标出发，我们党提出了构建社会主义和谐社会的重大战略任务。胡锦涛明确指出："社会和谐是中国特色社会主义的本质属性"②。这个重大判断，深化了我们对社会主义本质的认识。

2004年9月，党的十六届四中全会进一步提出"构建社会主义和谐社会"的命题，并作为我国社会发展的一个战略目标。2006年10月，党的十六届六中全会审议通过《中共中央关于构建社会主义和谐社会若

---

① 中共中央文献研究室：《十六大以来重要文献选编》（下），中央文献出版社2011年版，第671页。

② 中共中央文献研究室：《十六大以来重要文献选编》（下），中央文献出版社2011年版，第673页。

干重大问题的决定》，全面深刻地阐明了社会主义和谐社会的性质定位、指导思想、目标任务、工作原则和重大部署等，并将"和谐"列入社会主义现代化建设的奋斗目标，号召全国各族人民为把我国建设成为富强、民主、文明、和谐的社会主义现代化国家而奋斗。《决定》明确了构建社会主义和谐社会的总要求是"民主法治、公平正义、诚信友爱、充满活力、安定有序、人与自然和谐相处"，并确立了构建社会主义和谐社会要遵循的主要原则：必须坚持以人为本、必须坚持科学发展、必须坚持改革开放、必须坚持民主法治、必须正确处理改革发展稳定的关系、必须坚持在党的领导下全社会共同建设。2007 年 10 月，党的十七大把"和谐"与"富强民主文明"一起写入党在社会主义初级阶段的基本路线。

2012 年，党的十八大提出中国特色社会主义"五位一体"总体布局。大会首次在党章中使用"社会主义和谐社会"的概念，指出："中国共产党领导人民构建社会主义和谐社会。按照民主法治、公平正义、诚信友爱、充满活力、安定有序、人与自然和谐相处的总要求和共同建设、共同享有的原则，以保障和改善民生为重点，解决好人民最关心、最直接、最现实的利益问题，使发展成果更多更公平惠及全体人民，努力形成全体人民各尽其能、各得其所而又和谐相处的局面。"[1] 十九大、二十大党章也重申了这一内容，并增加了"不断增强人民群众获得感"的要求。同时，党的十九大报告把"美丽"纳入社会主义初级阶段的基本路线，明确到本世纪中叶把我国建设成为富强民主文明和谐美丽的社

---

[1] 本书编委会：《中国共产党历次党章汇编（1921—2022）》，中国方正出版社 2023 年版，第 543 页。

会主义现代化强国。这就意味着，我们所追逐的现代化强国将是一个人与自然、人与人、人与社会相和谐的强国。

提出"社会和谐是中国特色社会主义的本质属性"，是一个意义重大的科学判断，反映了我们党坚持立党为公、执政为民的本质要求，体现了我国社会主义国家的政权性质。立党为公、执政为民，始终是我们党先进性的根本标志。而促进和实现社会和谐，又集中反映和体现着最广大人民的根本利益。因此，通过最大限度地增加和谐因素，最大限度地减少不和谐因素，不断促进社会和谐，就成为党代表中国最广大人民根本利益面临的重大课题。

构建社会主义和谐社会，体现了全党全国各族人民的共同愿望，是中国式现代化的内在要求，也是对我们党执政能力的重大考验。同时，和谐社会与和谐世界在价值追求与政治逻辑方面具有高度的一致性，我国致力于建设和谐社会，也必将为推动和谐世界的建设增添新的动力。

076 美丽中国

　　建设美丽中国是以习近平同志为核心的党中央着眼实现人与自然和谐共生，深刻把握我国生态文明建设和生态环境保护形势，立足于社会主义现代化建设全局，顺应人民群众对美好生活的期盼作出的重大战略部署，是对未来中长期推进生态文明建设和生态环境保护的统领性要求。

　　美丽中国的内涵是：广泛形成绿色生产生活方式，碳排放达峰后稳中有降，生态环境根本好转。建设美丽中国，就是要把自然与文明结合起来，让人民在优美自然生态环境中享受极大丰富的物质文明和精神文明，让自然生态在现代化治理体系下更加宁静、和谐、美丽。

　　2012 年，党的十八大报告首次将"美丽中国"作为执政理念和执政目标提出，明确"努力建设美丽中国，实现中华民族永续发展"。2017 年，党的十九大报告在生态文明建设成效显著基础上，明确到 2035 年和到本世纪中叶美丽中国建设的两阶段目标，提出推进绿色发展等加快生态文明体制改革、建设美丽中国的四大任务。2022 年，党的二十大报告明确建设人与自然和谐共生美丽中国的基本路径。2023 年 7 月，全国生态环境保护大会对新征程全面推进美丽中国建设作出重要部署。习近平总书记在大会上强调，把建设美丽中国摆在强国建设、民族复兴的突出位置，推动城乡人居环境明显改善、美丽中国建设取得显著成效，以高品质生态环境支撑高质量发展，加快推进人与自然和谐共生的现代化。2024 年 1 月，中共中央、国务院印发《关于全面推进美丽中国建设的意见》，对全面推进美丽中国建设工作作出系统谋划和总体部署。

把美丽中国建设摆在强国建设、民族复兴的突出位置，对我国实现高质量发展、全面建成社会主义现代化强国具有重大意义。其一，中国式现代化是人与自然和谐共生的现代化，强调尊重自然、顺应自然、保护自然，建设美丽中国是全面建设社会主义现代化国家的重要目标。其二，生态环境是人类生存和发展的根基，生态兴则文明兴，建设美丽中国是实现中华民族伟大复兴中国梦的重要内容。其三，环境就是民生，良好生态环境是最普惠的民生福祉，建设美丽中国是满足人民日益增长的美好生活需要的必然要求。其四，人类是一荣俱荣、一损俱损的命运共同体，建设美丽家园是人类的共同梦想，建设美丽中国是共建清洁美丽世界的中国贡献。

党的十八大以来，我国生态文明建设从理论到实践都发生了历史性、转折性、全局性变化，绿色低碳发展取得积极进展，环境质量持续改善，生态系统质量和稳定性不断提升，生态环境制度体系不断健全，生态环境领域国际影响力显著增强。习近平总书记指出："新时代生态文明建设的成就举世瞩目，成为新时代党和国家事业取得历史性成就、发生历史性变革的显著标志。"[1]但我国生态环境污染防治任务依然

---

[1] 《习近平在全国生态环境保护大会上强调：全面推进美丽中国建设 加快推进人与自然和谐共生的现代化》，《人民日报》2023 年 7 月 19 日第 1 版。

艰巨，生态资源的利用效率有待提高，荒漠化防治和防沙治沙工作形势依然严峻，生态文明建设仍处于压力叠加、负重前行的关键期。前进道路上，要守牢美丽中国建设安全底线，健全美丽中国建设保障体系，推动城乡人居环境明显改善、美丽中国建设取得显著成效，以高品质生态环境支撑高质量发展。

077 碳足迹

碳足迹是指特定对象在一定时间内直接或间接导致的温室气体排放量和清除量之和，以二氧化碳当量表示。特定对象可以是个体、组织、国家、产品等。碳足迹可以用来反映人类活动对环境的影响，为实现温室气体减排提供参考。

加强碳足迹管理，从生产侧来看，有助于全面系统掌握产品全周期各环节能源消耗和碳排放水平，从而有针对性地实施节能降碳，促进绿色低碳转型。从消费侧来看，有助于消费者直观了解产品碳排放数据，为推进碳普惠、激励绿色消费提供应用场景。同时，也可形成绿色低碳生产和消费闭环，助力实现"双碳"目标，进而有利于打破一些国家以碳足迹设置的新型贸易壁垒，提升我国产品的国际竞争力。

近年来，我国节能降碳向全过程管理和全流程覆盖拓展，出台系列政策加快推进产品碳足迹管理体系建设。目前，我国在产品碳足迹管理方面开展的大量工作，已取得一定进展。标准方面，我国引入碳足迹核算方法体系，并进行部分行业领域的修订，如发布《产品碳足迹 产品种类规则 光伏组件》行业标准，为我国光伏组件碳足迹核算提供了依据。数据库方面，国内已有天工数据库等综合型数据库，汽车、电子产品等行业企业也建立了自身的生命周期单元过程数据库。政策激励方面，2022 年 7 月，工业和信息化部、国家发展改革委、生态环境部印发《工业领域碳达峰实施方案》，提出研发、示范、推广一批减排效果显著的低碳零碳负碳技术工艺装备产品。地方试点方面，已有地方积极开展产品碳足迹试点工作，如上海市发布了首批 11 项产品种类规则采信清单，浙江省上线了"浙江省产品碳足迹服务平台"。

为健全绿色低碳发展机制，2024 年 5 月，生态环境部等 15 部门发布《关于建立碳足迹管理体系的实施方案》，提出建立健全碳足迹管理体系、构建多方参与的碳足迹工作格局、推动产品碳足迹规则国际互信、持续加强产品碳足迹能力建设等四项主要任务，目标是到 2027 年，碳足迹管理体系初步建立，到 2030 年，碳足迹管理体系更加完善，应用场景更加丰富。2024 年 7 月，党的二十届三中全会通过的《中共中央关于进一步全面深化改革、推进中国式现代化的决定》强调："构建碳排放统计核算体系、产品碳标识认证制度、产品碳足迹管理体系，健全碳市场交易制度、温室气体自愿减排交易制度，积极稳妥推进碳达峰碳中和。"[①] 2024 年 8 月，中共中央、国务院印发的《关于加快经济社会发展全面绿色转型的意见》，提出建立产品碳足迹管理体系和产品碳标识认证制度，适时将碳足迹要求纳入政府采购，制定企业碳排放和产品碳足迹核算、报告、核查等标准，推动与主要贸易伙伴在碳足迹等规则方面衔接互认。

① 《中共中央关于进一步全面深化改革、推进中国式现代化的决定》，人民出版社2024 年版，第 40 页。

078 碳达峰碳中和

自工业革命以来，人类活动强度的增加是空前的，这导致了地球系统以前所未有的速度发生演化。从整体上来看，气候变化正在成为危及人类生存的非传统安全风险，各种全球性灾难性事件风险正在随着温度的升高而显著增加。而科学研究表明，人为的温室气体排放，尤其是二氧化碳的排放不断增加，是全球变暖的主要原因。

据研究估算，人为的碳排放量大约每年带来的增量是 400 亿吨，其中一半能够被陆地和海洋吸收。对于另外一半缺口，要通过减排和增汇来弥补，减排就是减少人为的排放，增汇就是增加陆地和海洋的额外吸收能力。2016 年，全球 175 个国家签署了《巴黎协定》，承诺将全球气温升高幅度控制在 2℃的范围之内。自《巴黎协定》之后，碳达峰碳中和已成为全球可持续发展的一个新的目标和新的内涵。

碳达峰，是指在某个确定的年份前，人类活动产生的二氧化碳年排放量处于增长阶段，而在该年份到达的时间点上，年排放量达到最大峰值后不再增长。碳中和，是指国家、企业、产品、活动或个人在一定时间内直接或间接产生的二氧化碳或温室气体排放总量，通过植树造林、节能减排等形式实现正负抵消，达到相对"零排放"。

新时代新征程，积极稳妥推进碳达峰碳中和，加快经济社会发展全面绿色转型，对我国实现高质量发展、全面建设社会主义现代化国家具有重大意义。作为世界上最大的发展中国家，我国面临着经济发展、民生改善、污染治理、生态保护等一系列艰巨任务，经济社会发展全面绿色转型任务十分紧迫。面向未来，再沿着只讲索取不讲投入、只讲发展不讲保护、只讲利用不讲修复的老路走下去是不可想象的，必须正确处理好人口问题、资源问题、环境问题与发展问题的关系，走可持续发展道路。

2020年9月，在第七十五届联合国大会一般性辩论上的讲话中，习近平主席代表中国政府庄严承诺："中国将提高国家自主贡献力度，采取更有力的政策和举措，二氧化碳排放力争于2030年前达到峰值，努力争取2060年前实现碳中和。"[①]"双碳"目标的提出，是党中央经过深思熟虑作出的重大战略决策，既是对全球可持续发展进程的有力推动，也是着力破解资源环境对我国可持续发展的制约，推动经济社会发展建立在资源高效利用和绿色低碳发展基础之上，所必须迈出的决定性步伐。2021年9月，中共中央、国务院印发《关于完整准确全面贯彻新发展理念做好碳达峰碳中和工作的意见》，提出"把碳达峰、碳中和纳入经济社会发展全局，以经济社会发展全面绿色转型为引领，以能源绿色低碳发展为关键，加快形成节约资源和保护环境的产业结构、生产方式、生活方式、空间格局，坚定不移走生态优先、绿色低碳的高质量发展道路，确保如期实现碳达峰、碳中和"[②]，并强调实现碳达峰碳中和目

---

① 《习近平谈治国理政》第四卷，外文出版社2022年版，第458页。
② 《中共中央国务院关于完整准确全面贯彻新发展理念做好碳达峰碳中和工作的意见》，《人民日报》2021年10月25日第1版。

标，要坚持"全国统筹、节约优先、双轮驱动、内外畅通、防范风险"原则。2024 年 7 月，党的二十届三中全会通过的《中共中央关于进一步全面深化改革、推进中国式现代化的决定》强调，要健全绿色低碳发展机制，"构建碳排放统计核算体系、产品碳标识认证制度、产品碳足迹管理体系，健全碳市场交易制度、温室气体自愿减排交易制度，积极稳妥推进碳达峰碳中和"①。

习近平总书记指出，"实现碳达峰碳中和是一场广泛而深刻的经济社会系统性变革"②。实现碳达峰碳中和目标和任务，必须以积极的姿态坚定信心、迎接挑战。首先，要积极推动绿色低碳技术创新。制定技术发展路线图，加快绿色科技创新和先进绿色技术推广应用，大力发展以绿色低碳为鲜明特征的新质生产力。其次，要积极布局绿色低碳产业发展。坚持产业生态化、生态产业化和产业低碳化、低碳产业化，大力发展绿色农业、绿色制造业、绿色服务业，壮大绿色能源产业，加快形成绿色低碳产业链供应链体系，构建绿色低碳产业生态圈，因地制宜培育壮大绿色低碳产业。最后，要积极引导绿色低碳社会风尚。在全社会持续塑造绿色价值观，引导全社会形成简约适度、绿色低碳、文明健康的生活方式和消费模式。

---

① 《中共中央关于进一步全面深化改革、推进中国式现代化的决定》，人民出版社 2024 年版，第 40 页。

② 《习近平著作选读》第一卷，人民出版社 2023 年版，第 42 页。

079 总体国家安全观

国家安全是安邦定国的重要基石，维护国家安全是全国各族人民根本利益所在。我们党诞生于国家内忧外患、民族危难之时，对国家安全的重要性有着刻骨铭心的认识。改革开放以来，我国国家安全总体形势稳定向好、有序可控。但同时也要看到，受多种因素影响，我国面临复杂多变的安全和发展环境，国家安全内涵外延、时空领域、内外因素都在发生前所未有的新变化，各种可以预见和难以预见的风险因素明显增多。

党的十八大以来，以习近平同志为核心的党中央在治国理政的战略方面，突出国家安全在党和国家工作大局中的重要地位，从全局和战略高度对国家安全作出一系列重大决策部署，有效应对了一系列重大风险挑战，保持了我国国家安全大局稳定。2014 年 4 月 17 日，习近平总书记在十八届中央国家安全委员会第一次会议上指出："当前我国国家安全内涵和外延比历史上任何时候都要丰富，时空领域比历史上任何时候都要宽广，内外因素比历史上任何时候都要复杂，必须坚持总体国家安全观"①。

党的十九大报告把"坚持总体国家安全观"纳入习近平新时代中国

---

① 《习近平谈治国理政》第一卷，外文出版社 2018 年版，第 200 页。

特色社会主义思想，十九大党章也强调，要"坚持总体国家安全观，坚决维护国家主权、安全、发展利益"①。从我国发展所处的历史方位、国家安全所面临的形势任务出发，党的十九届五中全会又首次把统筹发展和安全纳入"十四五"时期我国经济社会发展的指导思想，并作出战略部署。2020年12月11日，十九届中共中央政治局就切实做好国家安全工作举行第二十六次集体学习时，习近平总书记强调，做好新时代国家安全工作，要"坚持系统思维，构建大安全格局，促进国际安全和世界和平，为建设社会主义现代化国家提供坚强保障"②，并就贯彻总体国家安全观提出十点要求：一是坚持党对国家安全工作的绝对领导，坚持党中央对国家安全工作的集中统一领导；二是坚持中国特色国家安全道路；三是坚持以人民安全为宗旨；四是坚持统筹发展和安全；五是坚持把政治安全放在首要位置；六是坚持统筹推进各领域安全，统筹应对传统安全和非传统安全；七是坚持把防范化解国家安全风险摆在突出位置；八是坚持推进国际共同安全；九是坚持推进国家安全体系和能力现代化；十是坚持加强国家安全干部队伍建设。

基于实践的发展和认识的深化，党的二十大报告提出要"推进国家安全体系和能力现代化，坚决维护国家安全和社会稳定"，并强调"国家安全是民族复兴的根基，社会稳定是国家强盛的前提。必须坚定不移贯彻总体国家安全观，把维护国家安全贯穿党和国家工作各方

---

① 本书编委会：《中国共产党历次党章汇编（1921—2022）》，中国方正出版社2023年版，第597页。

②《习近平谈治国理政》第四卷，外文出版社2022年版，第389页。

面全过程，确保国家安全和社会稳定"①。二十大党章也强调，要"坚持总体国家安全观，统筹发展和安全，坚决维护国家主权、安全、发展利益"②。

总体国家安全观深刻回答了如何既解决好大国发展进程中面临的共性安全问题、又处理好中华民族伟大复兴关键阶段面临的特殊安全问题这个重大时代课题，为推进国家安全体系和能力现代化提供了根本遵循和行动指南。为确保国家安全和社会稳定，党的二十大报告明确了推进国家安全体系和能力现代化的总体要求："我们要坚持以人民安全为宗旨、以政治安全为根本、以经济安全为基础、以军事科技文化社会安全为保障、以促进国际安全为依托，统筹外部安全和内部安全、国土安全和国民安全、传统安全和非传统安全、自身安全和共同安全，统筹维护和塑造国家安全，夯实国家安全和社会稳定基层基础，完善参与全球安全治理机制，建设更高水平的平安中国，以新安全格局保障新发展格局。"③

---

① 《习近平著作选读》第一卷，人民出版社 2023 年版，第 43 页。
② 《中国共产党章程》，人民出版社 2022 年版，第 8 页。
③ 《习近平著作选读》第一卷，人民出版社 2023 年版，第 43 页。

080 新安全格局

　　国家安全包罗万象、系统集成、多维一体，是一项需要前瞻谋划、整体推进、协同联动的庞大工程。党的二十大报告对推进国家安全体系和能力现代化、坚决维护国家安全和社会稳定作出战略部署，提出以新安全格局保障新发展格局。2023 年 5 月，习近平总书记在二十届中央国家安全委员会第一次会议上强调："要全面贯彻党的二十大精神，深刻认识国家安全面临的复杂严峻形势，正确把握重大国家安全问题，加快推进国家安全体系和能力现代化，以新安全格局保障新发展格局，努力开创国家安全工作新局面。"①

　　从国家战略层面看，"格局"体现的是识势、顺势的战略决断和谋局、塑局的战略运筹。当前，世界百年未有之大变局加速演进，逆全球化、单边主义、保护主义、局部冲突明显上升，我国发展正处于充斥不确定性和不稳定性的世界动荡变革期。同时，国内改革发展稳定的任务艰巨繁重，发展不平衡不充分问题仍然突出，经济社会发展面临各种风险挑战更趋复杂。传统与非传统安全挑战叠加共振，国内与国际安全风

---

① 《习近平主持召开二十届中央国家安全委员会第一次会议强调：加快推进国家安全体系和能力现代化 以新安全格局保障新发展格局》，《人民日报》2023 年 5 月 31 日第 1 版。

险传导联动，使得我国国家安全的内涵和外延比历史上任何时候都要丰富，时空领域比历史上任何时候都要宽广，内外因素比历史上任何时候都要复杂。面对更为严峻的国家安全环境，只有加快构建与新发展格局相适应的新安全格局，才能为自身发展塑造总体有利的安全环境，确保中华民族伟大复兴进程不被迟滞甚至中断，确保中国式现代化行稳致远。

新安全格局，就是在国家安全领域，用新的思路、新的战略、新的举措构建起的与实现强国复兴相适应、与新发展格局相匹配的大格局。与"以国内大循环为主体、国内国际双循环相互促进"的新发展格局相匹配，新安全格局之"新"，意味着与传统安全格局相比，更加强调以国内安全为优先、国内与国际安全良性互动、传统与非传统安全有力统筹。

构建新安全格局是新时代国家安全的系统性变革、整体性重塑，一方面，要以国内安全治理保障国内大循环，包括健全国家安全体系、增强维护国家安全能力、提高公共安全治理水平、完善社会治理体系，建设更高水平的平安中国；另一方面，要以国际安全治理保障国际经济循环，包括健全反制裁、反干涉、反"长臂管辖"机制，完善参与全球安全治理机制，积极参与全球安全规则制定，加强国际安全合作，维护世界和平与地区稳定。

081 人类命运共同体

近年来，世界百年未有之大变局加速演进，世界之变、时代之变、历史之变正以前所未有的方式展开。新冠疫情影响深远，逆全球化思潮抬头，单边主义、保护主义明显上升，世界经济复苏乏力，局部冲突和动荡频发，全球性问题加剧，世界进入新的动荡变革期。和平赤字、发展赤字、安全赤字、治理赤字加重，恃强凌弱、巧取豪夺、零和博弈等霸权霸道霸凌行径危害深重，人类社会面临前所未有的挑战，世界人民对和平、发展、合作、共赢的期待更加强烈。

面对深刻的世界之变、时代之变、历史之变，为了实现全人类共同价值、维护全人类共同利益，以习近平同志为核心的党中央鲜明提出推动构建人类命运共同体。2013 年 3 月，习近平主席在访问俄罗斯期间首次提出人类命运共同体理念，呼吁国际社会树立"你中有我、我中有你"的命运共同体意识。2017 年 1 月在联合国日内瓦总部发表主旨演讲时，习近平主席主张各国应携手构建人类命运共同体，坚持对话协商、共建共享、合作共赢、交流互鉴、绿色低碳，建设一个持久和平、普遍安全、共同繁荣、开放包容、清洁美丽的世界，为人类未来描绘了更清晰的图景。2017 年 10 月，党的十九大报告将"坚持推动构建人类命运共同体"作为新时代坚持和发展中国特色社会主义的基本方略之一，呼吁各国人民同心协力，构建人类命运共同体。2022年10月，党的二十大报告将推动构建人类命运共同体作为中国式现代化的本质要求之一，并指出："中国始终坚持维护世界和平、促进共同发展的外交政策宗旨，致力于推动构建人类命运共同体"①。

对于什么是人类命运共同体，习近平总书记指出："人类命运共同体，顾名思义，就是每个民族、每个国家的前途命运都紧紧联系在一起，应该风雨同舟，荣辱与共，努力把我们生于斯、长于斯的这个星球建成一个和睦的大家庭，把世界各国人民对美好生活的向往变成现实。"②人类命运共同体理念，蕴含有开放包容、公平正义、和谐共处、多元互鉴、团结协作的丰富内涵：开放包容——不以意识形态划线，不针对特定的对象，不拉帮结派，不搞排他的"小圈子"，海纳百川，有容乃大；公平正义——维护以国际法为基础的国际秩序，维护国际法治权威，确保国际法平等统一适用，不搞双重标准，不搞"合则用、不合则弃"；和谐共处——各国在求同存异的前提下实现和平共处、共同发展，世界发展的活力恰恰在于多样性的共存；多元互鉴——人类文明多样性是世界基本特征，不同文明交流互鉴是推动人类进步的重要动力；团结协作——"计利当计天下利"，单打独斗无法应对全球性的发展难题，各国通力合作才是唯一选择。

推动构建人类命运共同体，是中国在国际格局演变转折关头，为共同应对全球挑战、共创人类美好未来提供的中国方案，也是新时代中国特色大国外交的总目标。践行人类命运共同体理念，我们将把中国人民

① 《习近平著作选读》第一卷，人民出版社2023年版，第49页。
② 《习近平谈治国理政》第三卷，外文出版社2020年版，第433页。

的利益和世界人民的利益统一起来，始终做世界和平的建设者，致力于促进世界多极化和国际关系民主化，成为维护世界和平的中坚力量；始终做全球发展的贡献者，坚持走共同发展道路，实施高水平对外开放，成为世界经济和全球发展的重要支撑；始终做国际秩序的维护者，深入参与全球治理体系改革和建设，推动共同应对各类全球性挑战，成为捍卫国际公平正义的有力保障。

十余年来，在中国的不断推动下，构建人类命运共同体的实践稳步推进，实现了从"一方领唱"到"众声合唱"的多重跨越，多次被写入联合国等国际组织文件，受到国际社会广泛欢迎和支持。越来越多的国家和人民认识到，这一理念符合全人类共同价值和共同利益，汇聚了各国人民共建美好世界、共创美好未来的最大公约数。而伴随着推动构建人类命运共同体从美好愿景转化为丰富实践，共建"一带一路"等国际合作蓬勃展开，双多边命运共同体建设不断推进，人类卫生健康共同体、人类安全共同体、网络空间命运共同体、海洋命运共同体等多领域建设，使推动构建人类命运共同体有了多维架构和切实抓手。

习近平总书记指出："只要国际社会秉持人类命运共同体理念，坚持多边主义、走团结合作之路，世界各国人民就一定能够携手应对各种全球性问题，共建美好地球家园。"[1]构建人类命运共同体是一个美好的目标，也是一个需要一代又一代人接力跑才能实现的目标。在全面建设社会主义现代化国家、实现中华民族伟大复兴的历史进程中，中国将始终高举构建人类命运共同体旗帜，不断为人类文明进步作出新的贡献。

---

[1]《习近平谈治国理政》第四卷，外文出版社 2022 年版，第 104 页。

082 全人类共同价值

　　人类是一个相互依存的整体，各国命运与共。共建美好世界，构建人类命运共同体，需要弘扬和坚守全人类共同价值。2015 年 9 月 28 日，习近平主席出席第七十届联合国大会一般性辩论并发表重要讲话指出："和平、发展、公平、正义、民主、自由，是全人类的共同价值，也是联合国的崇高目标。"[①]此后，围绕全人类共同价值的丰富内涵及其对构建和谐世界的重大意义，习近平总书记相继提出一系列新理念、新主张。2022 年 10 月，党的二十大呼吁世界各国弘扬和平、发展、公平、正义、民主、自由的全人类共同价值，共同应对各种全球性挑战。党的二十大还第一次把全人类共同价值写入党章，强调中国共产党"在国际事务中，弘扬和平、发展、公平、正义、民主、自由的全人类共同价值"[②]。

　　当今世界，和平与发展仍然是时代主题，但强权政治、集团对抗、单边主义、保护主义正对世界和平与发展造成严重威胁，治理赤字、信任赤字、发展赤字、和平赤字仍然摆在全人类面前。站在全人类高度，习近平总书记指出："各国历史、文化、制度、发展水平不尽相同，但

[①]《习近平谈治国理政》第二卷，外文出版社 2017 年版，第 522 页。
[②]《中国共产党章程》，人民出版社 2022 年版，第 9 页。

各国人民都追求和平、发展、公平、正义、民主、自由的全人类共同价值。"① 提炼和倡导全人类共同价值，顺应了时代发展潮流、契合了各国人民期待，为人类文明朝着正确方向发展提供了强大精神动力。

和平与发展是人类的共同事业。和平是世界人民的永恒期望，只有各国共同肩负维护和平的责任，人类才能享受和平的阳光雨露。发展是各国的第一要务，也是满足人民对美好生活热切向往的根本途径。维护各国的正当发展权利，实现各个国家和群体的共同发展，依然任重道远。

公平正义是人类的共同理想。世界要公道不要霸道，要公义不要强权。面对世界格局深刻复杂演变和国际形势动荡变革，人们对公平正义价值的呼唤尤为强烈。站在历史正确的一边、站在人类进步的一边，就要努力维护国际关系公平正义，坚守主权平等原则，确保国际规则的平等统一适用，反对恃强凌弱、把自己的意志强加于人，反对搞双重标准、多重标准。

民主自由是人类的共同追求。从国际层面来说，民主意味着各国平等参与国际事务，共同掌握世界命运，遵循共商共建共享原则参与国际治理；自由意味着每个国家都有自主选择发展道路和发展模式、开展正常正当经济文化活动的权利。

在全球性挑战此起彼伏的今天，任何国家都难以独善其身。全人类共同价值深刻洞察各国相互依存、文明多元共生的现实，超越意识形态、社会制度和发展水平的差异，反映各国人民普遍认同的价值理念的最大公约数，为人类探索新型政治文明贡献中国智慧、提供中国答案，

① 《习近平谈治国理政》第四卷，外文出版社 2022 年版，第 425 页。

为应对全球性挑战、推动国际关系良性发展注入新理念、增添新活力，为化解当今国际关系中各种矛盾提供科学指引，是全人类共同享有、也有责任共同维护并弘扬的价值理念，得到了各国人民发自内心的认同。

当前，世界之变、时代之变、历史之变正以前所未有的方式展开。提出全人类共同价值，体现了中国共产党对人类进步事业的探索与贡献。习近平总书记强调："我们要本着对人类前途命运高度负责的态度，做全人类共同价值的倡导者，以宽广胸怀理解不同文明对价值内涵的认识，尊重不同国家人民对价值实现路径的探索，把全人类共同价值具体地、现实地体现到实现本国人民利益的实践中去。"[①]各国人民共同弘扬全人类共同价值，必将推动全人类共同创造更加美好的未来。

---

① 《习近平谈治国理政》第四卷，外文出版社 2022 年版，第 425 页。

083 全球治理体系

　　全球治理体系是指国际社会各行为主体通过平等协商、合作对话、确立共识等方式，制定具有约束力的国际规制，以解决地区性和全球性问题与挑战，维护正常的国际秩序和互动的体系框架。

　　20 世纪下半叶以来，世界处于大发展、大变革和大调整时期，不稳定性和不确定性日益突出，世界各地区局部的混乱与动荡难以避免，人类面临许多共同挑战，但总体看，时代进步的主基调没有变，和平与发展仍然是时代主题。而且，随着世界多极化、经济全球化、社会信息化、文化多样化的深入发展，全球治理体系和国际秩序变革加速推进，各国相互联系和依存日益加深，国际力量对比更趋平衡，和平发展大势更加不可逆转。

　　在全球治理体系改革和建设过程中，来自中国的智慧是其重要推动力量。1971 年恢复联合国合法席位之后，中国开始全方位参与多边国际规则制定。改革开放之后，我国更是全面参与全球治理体系改革和建设。随着改革开放步伐加快，我国融入全球治理体系、参与治理规则制定、采取相应治理行动的步伐也在加快。20 世纪 80 年代，反对霸权主义、维护世界和平、发展友好合作和促进共同繁荣，是我国关于全球治理体系的基本观念。20 世纪 90 年代后，我国更加强调自身与世界的命运与共关系，开始更多地关注国际社会的共同利益所在，并提出愿意承担相应的国际责任。进入新世纪，党的十六大报告提出："我们主张顺应历史潮流，维护全人类的共同利益。我们愿与国际社会共同努力，积极促进世界多极化，推动多种力量和谐并存，保持国际社会的稳定；积极促进经济全球化朝着有利于实现共同繁荣的方向发展，趋利避害，使各国特别是发展中国家都从中受益。"① 这是我国这一阶段对全球治理体系的重要思想贡献。其后，我国又鲜明地提出"和谐世界"理念，倡导各国共同安全、共同发展、共同繁荣、文化多样和包容。

近年来，新兴市场国家和一大批发展中国家快速发展，与现行全球治理体系不适应的地方越来越多，国际社会对变革全球治理体系的呼声越来越高。与此同时，国际秩序进入深刻调整变化之中，全球治理领域出现了越来越多需要各国共同应对的议题，有效的全球治理变得更加迫切。加强全球治理、推动全球治理体系变革是大势所趋，日益成为我国对外工作的前沿和关键问题。习近平总书记指出："随着中国实力上升，我们将逐步承担更多力所能及的责任，努力为促进世界经济增长和完善全球治理贡献中国智慧、中国力量。"② 中国现在是全球治理体系中一个重要的参与者、决策者、支持者、实施者，并且作用日益提升。中国有责任、有义务推动全球治理体系朝着更加公正合理的方向发展，以更好维护我国和广大发展中国家的共同利益。

着眼构建新型国际关系和人类命运共同体，党的二十大报告指出：

---

① 中共中央文献研究室：《十六大以来重要文献选编》（上），中央文献出版社 2011 年版，第 36 页。
② 《习近平外交演讲集》第一卷，中央文献出版社 2022 年版，第 308 页。

"中国积极参与全球治理体系改革和建设，践行共商共建共享的全球治理观，坚持真正的多边主义，推进国际关系民主化，推动全球治理朝着更加公正合理的方向发展。"①在治理理念方面，中国主张共商共建共享；在治理主体方面，中国倡导平等参与；在治理规则方面，中国主张全球正义。中国秉持共商共建共享的全球治理观，坚持世界命运由各国共同掌握，国际规则由各国共同书写，全球事务由各国共同治理，发展成果由各国共同分享。

习近平总书记指出："中国将同各国一道，逢山开路、遇河架桥。世界上的路，只有走的人多了，才会越来越宽广。"中国坚持多边主义，走团结合作之路，在应对经济衰退、气候变化、重大传染性疾病、恐怖主义等全球性挑战中，作出了中国贡献、提供了中国方案，充分展现了提供全球治理公共产品、构筑全球共同发展平台的大国担当。

① 《习近平著作选读》第一卷，人民出版社 2023 年版，第 51 页。

084 全球发展倡议

发展承载着人民对美好生活的向往,是解决一切问题的总钥匙,也是人类社会的永恒主题。中国始终不忘自身发展中国家的定位,始终把自身命运同世界各国人民命运紧密相连。2021 年 9 月,习近平主席在第七十六届联合国大会一般性辩论上郑重提出全球发展倡议,呼吁国际社会重视发展问题,共同推动全球发展迈向平衡协调包容新阶段,构建全球发展命运共同体。

全球发展倡议以"六个坚持"为主要内容,即坚持发展优先、坚持以人民为中心、坚持普惠包容、坚持创新驱动、坚持人与自然和谐共生、坚持行动导向。全球发展倡议秉持以人民为中心的核心理念,倡议将增进人民福祉、实现人的全面发展作为出发点和落脚点,把各国人民对美好生活的向往作为努力目标,紧紧抓住发展这个解决一切问题的总钥匙,全力破解发展难题、创造更多发展机遇,努力实现不让任何一国、任何一人掉队的目标。

2022 年 6 月,习近平主席在全球发展高层对话会上提出共创普惠平衡、协调包容、合作共赢、共同繁荣的发展格局,并就推动落实全球发展倡议宣布一系列重大举措,为落实全球发展倡议指明方向,标志着全球发展倡议进入务实合作新阶段。2023 年 12 月召开的中央外事工作会议明确，以落实全球发展倡议、全球安全倡议、全球文明倡议为战略引领，推动各国携手应对挑战、实现共同繁荣。

全球发展倡议是加快落实联合国可持续发展目标、破解全球发展困境的理念引领。环顾当今世界，一方面，百年未有之大变局加速演进，发展中国家群体性崛起的时代潮流不可逆转，团结协作、共谋发展的呼声和意愿前所未有地强烈；另一方面，南北发展鸿沟持续扩大，世界经济复苏步履维艰，全球发展赤字有增无减，粮食安全、难民问题、气候变化等全球性危机不断加剧，落实联合国 2030 年可持续发展议程面临前所未有的挑战。习近平主席指出："我提出全球发展倡议，就是为了让全世界聚焦发展，为落实可持续发展议程提供助力。"[①]全球发展倡议提出重点推进减贫、粮食安全、抗疫和疫苗、发展筹资、气候变化和绿色发展、工业化、数字经济、互联互通等 8 个领域合作，全面对接联合国 2030 年可持续发展议程的 17 个可持续发展目标，为推进落实联合国可持续发展目标注入新动能，也为"后 2030"全球发展提供新思路。

全球发展倡议也是以中国新发展为世界提供新机遇的实际行动。世界好，中国才会好；中国好，世界会更好。习近平主席指出："作为最大的发展中国家，中国始终将自身发展置于人类发展的坐标系，以自身发展为世界发展创造新机遇。"[②]全球发展倡议源于中国式现代化和中国自身发展的成功实践。作为发展中国家，中国在 40 多年改革开放过程

---

① 《习近平出席金砖国家同非洲国家及其他新兴市场和发展中国家领导人对话会》，《人民日报》2023 年 8 月 25 日第 1 版。

② 《习近平向全球共享发展行动论坛首届高级别会议致贺信》，《人民日报》2023 年 7 月 11 日第 1 版。

中，积累了诸多宝贵的发展经验。中国追求的不是独善其身的现代化，愿进一步加大对全球发展合作的资源投入，构建更加团结、平等、均衡、普惠的全球发展伙伴关系，促进国际社会将发展共识转化为务实行动，同各国一道，实现和平发展、互利合作、共同繁荣的世界现代化。

全球发展倡议是新时代中国向国际社会提供的重要公共产品，是人类命运共同体理念在全球发展领域的重要实践。中国通过提出新理念新倡议，推动共建"一带一路"高质量发展，积极落实全球发展倡议，加强国际技术合作和知识分享，推动重大议题的全球治理取得积极进展，为推动全球发展注入中国动力。

085 全球安全倡议

　　安全问题是事关人类前途命运的重大问题，如果解决不好，人类和平与发展的崇高事业就难以顺利推进。实现各国共同安全，是构建人类命运共同体的题中应有之义。2022 年 4 月，习近平主席深刻把握人类前途命运和世界发展大势，在博鳌亚洲论坛年会发表主旨演讲指出："为了促进世界安危与共，中方愿在此提出全球安全倡议：我们要坚持共同、综合、合作、可持续的安全观，共同维护世界和平和安全"①。

　　全球安全倡议的提出，首先是针对世界面临的紧迫安全诉求给予的回应。习近平主席在谈到全球面临的挑战时指出："人类还未走出世纪疫情阴霾，又面临新的传统安全风险"②。同时，伴随着百年未有之大变局加速演进，大国博弈日趋激烈，地区安全热点问题此起彼伏，局部冲突和动荡频发，各种传统和非传统安全威胁交织叠加，各国安全焦虑上升。某些国家奉行冷战思维，拉帮结派，追求零和博弈与你输我赢，动辄确定战略对手搞战略竞争，严重破坏国际安全秩序，加剧全球安全治理赤字。世界持续动荡，变乱交织，国际社会需要和平而非战争、信

---

① 《习近平谈治国理政》第四卷，外文出版社 2022 年版，第 451 页。
② 习近平：《携手迎接挑战，合作开创未来——在博鳌亚洲论坛 2022 年年会开幕式上的主旨演讲》，人民出版社 2022 年版，第 2 页。

任而非猜疑、团结而非分裂、合作而非对抗，全球安全倡议的提出恰逢其时。

全球安全倡议明确回答了"世界需要什么样的安全理念、各国怎样实现共同安全"的时代课题，体系完整、内涵丰富，是习近平外交思想在国际安全领域的重要应用成果，更是对西方地缘政治安全理论的扬弃和超越。全球安全倡议在坚持共同、综合、合作、可持续的安全观基础上，以"六个坚持"为核心要义，即坚持共同、综合、合作、可持续的安全观；坚持尊重各国主权、领土完整；坚持遵守联合国宪章宗旨和原则；坚持重视各国合理安全关切；坚持通过对话协商以和平方式解决国家间的分歧和争端；坚持统筹维护传统领域和非传统领域安全等。全球安全倡议"六个坚持"明确了维护和实现全球安全的核心理念、根本遵循、重要原则、长远目标和可行思路，既有顶层设计的宏观思维，又有解决实际问题的方法路径，是辩证统一的有机整体。

全球安全倡议提出以来，中国与各方携手同行，稳步推进安全合作，取得一系列重要先期成果。全球安全倡议得到 100 多个国家、国际地区组织的支持赞赏，倡议及其核心理念写入 90 余份中国与其他国家、国际组织交往合作的双多边文件，成为具有全球影响力的国际共识。面对网络安全、人工智能治理等新兴安全领域难题，中国发起《全球数据安全倡议》《全球人工智能治理倡议》等，引领新兴领域国际安全治理进程。为解决地区热点问题、维护世界和平安宁，中国针对乌克兰危机、巴以冲突、阿富汗问题等专门发布立场文件；成功促成沙特和伊朗和解，带动中东地区形成"和解潮"；与各方深入开展维和、反恐、气候变化、防灾减灾、数字治理、打击跨国犯罪等领域安全合作，有力推动落实全球安全倡议，为消弭国际冲突根源、实现世界长治久安提供了新方向。

全球安全倡议是中国提供的又一重要国际公共产品，是人类命运共同体理念在安全领域的生动实践。事实表明，面对变乱交织的世界，全球安全倡议破解安全难题、维护全球稳定的时代价值进一步彰显，正汇聚起全球应对安全挑战的普遍共识与强大合力，必将为推动全球安全治理体系改革、破解人类安全困境、推动构建人类命运共同体提供重要理念指引。

086 全球文明倡议

历史的发展、社会的繁盛、人类的进步，都离不开文明的滋养和引领。世界上有 200 多个国家和地区、2500 多个民族、多种宗教。不同历史和国情、不同民族和习俗，孕育了不同文明。文明没有高下、优劣之分，只有特色、地域之别。人类文明发展史充分表明，一种文明只有在同其他文明对话中才能取长补短，只有在同其他文明交流中才能推陈出新。

进入全球化时代，各个文明既迎来百花齐放、争奇斗艳的广阔空间，又面临强化认同、凸显特色的竞争场面。党的十八大以来，习近平总书记把握人类文明发展规律，鲜明提出了加强文明交流互鉴、共创人类美好未来的理念和主张。2014 年 3 月，在联合国教科文组织总部的演讲中，习近平主席指出："文明因交流而多彩，文明因互鉴而丰富。文明交流互鉴，是推动人类文明进步和世界和平发展的重要动力。"[①]

着眼推动不同文明交流互鉴、增进各国人民相知相亲、凝聚国际社会合作共识、促进人类文明发展进步，2023 年 3 月，在中国共产党与世界政党高层对话会上，习近平总书记首次提出"全球文明倡议"，指出"在各国前途命运紧密相连的今天，不同文明包容共存、交流互鉴，

---

① 《习近平谈治国理政》第一卷，外文出版社 2018 年版，第 258 页。

在推动人类社会现代化进程、繁荣世界文明百花园中具有不可替代的作用"①，强调要共同倡导尊重世界文明多样性、共同倡导弘扬全人类共同价值、共同倡导重视文明传承和创新、共同倡导加强国际人文交流合作。四个"共同倡导"既有人类文明发展的客观规律，又有处理不同文明之间关系的主观态度，既要让本国文明充满勃勃生机，又要为他国文明发展创造条件，是推动不同文明和衷共济、和谐共生、互尊互敬、互谅互让的重要遵循。

全球文明倡议破解了"西方中心主义文明观""普世价值""传统—现代"二元对立的话语陷阱，从文明观维度打破了"现代化＝西方化"的迷思。各国是走向冲突对抗还是共同繁荣，历史是倒退还是进步，很大程度上取决于我们如何看待和处理不同文明之间的差异。长期以来，立足于西方资本主义国家的先发优势，"西方中心主义文明观"认为现代西方文明是人类文明的典范和世界文明的中心，将西方文明置于绝对的优越地位。这种文明观主观预设了文明之间的不平等地位，在文明之间埋下了对抗和冲突的伏笔，诞生于20世纪80、90年代的"历史终结论"和"文明冲突论"就是其典型言论。实际上，人类历史不可能终结于西方的自由民主制度，文明冲突的实质在于文明霸权而非文明差异，世界各国通往现代化的道路也并非只有西方资本主义现代化这唯一选项，"现代化＝西方化"的理论迷思已经破解。

全球文明倡议是站在历史前进的十字路口深刻回应"不同文明如何相处、人类文明何去何从"等重大问题的中国答案，是中国继全球发

① 习近平：《携手同行现代化之路——在中国共产党与世界政党高层对话会上的主旨讲话》，人民出版社2023年版，第7页。

展倡议、全球安全倡议之后提出的又一国际公共产品。全球文明倡议主张以文明交流超越文明隔阂、文明互鉴超越文明冲突、文明包容超越文明优越，强调不将自己的价值观和发展模式强加于人，不搞意识形态对抗，倡导不同社会制度和发展道路相互包容，在交流互鉴中取长补短，在求同存异中共同前进，奏响了文明对话的新乐章。

近年来，中国主办亚洲文明对话大会、"一带一路"国际合作高峰论坛、中国共产党与世界政党高层对话会、中法文明对话会、文明古国论坛、中阿关系暨中阿文明对话研讨等重要活动，为促进各国文明交流发展搭建新平台，为推进全球文明交流互鉴凝聚更多共识，受到国际社会普遍欢迎。如今，全球文明倡议正在获得世界上越来越多人的认同和支持。践行全球文明倡议，人类文明的百花园将更加姹紫嫣红、生机盎然。